Dieu est un Dieu de DETAILS

Tous les détails comptent pour Jéhovah

Grégory Domond

ISBN-13: 978 -99970-4-699-4

PREFACE

Tous les détails sont sacrés. Dieu fait tout avec des détails. Le créateur de l'Univers ne conçoit, ni réalise rien sans des détails précis. Les enseignants chrétiens (Théologiens et leaders religieux) ne mettent pas assez d'emphase sur l'attachement de Dieu aux détails. La perception de l'homme est telle que Dieu ne peut s'intéresser qu'aux choses qui sont à l'échelle macro. Ainsi, tout ce qui se trouve à l'état minuscule ou micro échapperait à Son contrôle. C'est une perception erronée. Le créateur a conçu les molécules, atomes et cellules pour qu'ils puissent remplir des fonctions précises et temporelles dans tous les éléments de l'univers. Il compte les cheveux et les pas de chacun des êtres humains, et connait les moindres pensées, paroles et actions de l'homme.

Les attributs personnels (l'omniscience, l'omniprésence et de l'omnipotence) du Créateur ne nous enseignent -ils pas qu'aucun détail n'échappe à Sa puissance.

Il devient impératif que tout homme soit bien imbu de l'importance des détails aux yeux de Dieu. Cette prise de conscience est cruciale dans ses relations avec son Créateur. La Bible, considérée comme notre boussole, regorge d'histoires relatant la quantité et la qualité des détails spirituels et physiques demandés par l'Eternel pour que les sacrifices, offrandes et le tabernacle construit lui soient agréables. Mais comment peut - il plaire à Dieu si l'homme ne connait pas ses détails? Sans l'aide du Saint - Esprit, l'homme n'arrivera pas à pénétrer tous les détails de Dieu.

Dieu est un Dieu de détails est un ouvrage offrant une orientation révélatrice de la connaissance de Dieu à l'homme chrétien pour une meilleure compréhension du plan du salut et de la volonté du Créateur.

L'auteur à travers ce livre nous fait découvrir la place des détails dans la réalité spirituelle et matérielle. Par une pédagogie simple et efficace, ce livre nous invite à considérer les détails comme ils sont perçus dans le plan divin afin d'être transformés et connaitre le succès dans tout ce que nous entreprenons.

Les hommes ainsi que leurs desseins sont faits de détails

essentiels, donc un mépris de l'essentiel risque tout. Une compréhension des enjeux spirituels des détails déclenchera des réponses rapides et conformes aux demandes précises adressées à Dieu. L'élément qui manque souvent à nos demandes et prières n'est autre que des détails.

Cet instrument que l'Ingénieur Gregory DOMOND met à notre disposition est destiné à transformer notre relation avec Dieu et nous permettre de mieux comprendre les sensibilités de nos semblables pour une vie harmonieuse.

A travers la lecture de ce livre combien précieux, vous redonnerez aux détails la place qui leur est due dans votre vie. Puisse ce livre impacter positivement votre passage sur la terre!

Bonne lecture! Bonne attention aux détails !

Jean André TIMOTHE

Diplômé de RHEMA - HAITI

Diacre de l'Eglise de Dieu

Mission de la Dernière Heure

INTRODUCTION

Dieu est un Dieu de Détails est un titre qui peut surprendre la majorité des lecteurs qui perçoivent le Créateur de l'Univers dans un cadre macro. Il nous arrive tous de chercher ailleurs ce qui est déjà dans nos poches. Chacun de nous a pu faire au moins une expérience positive et négative avec ses détails personnels.

Jéhovah est plein de détails personnels. Toute personne intéressée à vivre harmonieusement avec Dieu doit connaitre Ses détails.

Ce livre est le fruit d'un constat: Dieu aime les détails. Le Créateur du monde recourt à des détails précis pour toutes Ses entreprises.

Le Créateur de l'Univers est un ensemble de détails. Dieu ne demande que des choses précises à l'homme.

L'homme, son chef d'œuvre, est constitué de détails biologiques, spirituels, émotionnels, sentimentaux, etc.

Les détails conditionnent tous nos rapports avec Dieu. Un simple regard sur le nombre d'instructions passées pour la construction du tabernacle vous permettra de comprendre la place des détails dans la sphère spirituelle. Dieu a donné des instructions et recettes précises à Noé pour la construction de l'arche devant sauver le monde, à Josué pour la prise de Jéricho.

Ce livre est conçu pour vous aider à comprendre l'importance des détails aux yeux de Dieu. Cette compréhension débouchera à coup sûr sur deux conséquences positives.

D'une part, le lecteur aura la capacité nécessaire pour gérer les détails spirituels et physiques d'une manière agréable à Dieu.

D'autre part, il aura suffisamment de connaissance pour soumettre à Dieu ses requêtes avec des détails précis. Dieu répond exclusivement aux demandes détaillées.

Ce livre est composé de quatre chapitres.

Le premier chapitre fait une présentation du concept *détail* et de son importance. Il montre comment les détails peuvent avoir de sérieuses conséquences sur tout ce qu'on entreprend et les relations humaines.

Le deuxième chapitre aborde les détails de Dieu. Il prouve que les attributs personnels de Dieu sont constitués de détails. Il analyse les exigences divines relatives aux détails des offrandes, du temple, du tabernacle, etc.

Dans le troisième chapitre, les détails de la création sont analysés. Toutes les créatures de Dieu s'appuient sur des détails. La vie humaine est le résultat de détails biologiques minuscules. Tout le séjour de l'homme sur la terre dépend d'un ensemble d'éléments apparemment minuscules. Les règnes animal et végétal n'échappent pas à la règle des détails.

Le dernier chapitre attire l'attention sur les enjeux spirituels des détails. La façon dont les détails sont gérés dans le monde réel détermine les relations de l'homme avec son Créateur. Avec des exemples bibliques à l'appui, il est montré dans cette partie que Dieu répond aux prières accompagnées de détails justificatifs.

Maintenant, il ne vous reste qu'à voyager dans le monde des détails pour comprendre combien Dieu s'y attache.

Grégory Domond

Dieu est un Dieu de Détails

TABLE DES MATIERES

REMERCIEMENTS

Je suis infiniment reconnaissant envers Dieu pour m'avoir ouvert les yeux sur l'importance des détails tant dans le monde spirituel que dans la réalité physique. Qu'Il soit remercié pour m'avoir donné l'opportunité de partager ces découvertes par écrit avec Ses fils et filles.

Plusieurs personnes ont contribué pour rendre ce projet de livre une réalité aujourd'hui.

Je remercie particulièrement le Frère Jean André Timothé pour sa disponibilité à préfacer cette œuvre.

Mes remerciements sincères vont à Ketsia Aladin, Naomie Baptiste, Grégoine Ovide et Edva Altemar pour le temps consacré à lecture du manuscrit.

Je suis reconnaissant envers tous ceux qui m'ont encouragé dans ce travail combien noble.

Grégory Domond

Gregory Domond

1
LES DETAILS

Dieu est dans les détails[1]

Le diable est dans les détails[2]

Le concept "détail" est perçu, considéré et employé par les hommes de différentes façons. Les scientifiques s'attachent aux détails, et sont convaincus qu'un petit élément négligé peut gâcher des années de travail alors que pour les gens ordinaires il est vu comme quelque chose d'insignifiant, donc un poids à négliger ou ne pas prendre en compte quand on veut faire quelque chose de sérieux et de manière célère. La majorité des gens de la planète minimisent les détails et s'intéressent peu à leurs poids dans tout ce qui se

---

[1] Ludwig Mies Van der Rohe
[2] Friedrich Nietzsche

fait.

C'est quoi un détail? Le détail est - il important? Comment gérez - vous les détails? Le détail peut - il faire réussir ou échouer un projet quelconque?

C'est quoi exactement un "détail " ?

Au concept " détail " sont attribuées les définitions suivantes:

- Petite partie d'un ensemble
- Petit élément constitutif d'un ensemble, et qui peut être jugé comme secondaire[3]
- Chacune des parties qui concourent à la composition et à la formation d'un ensemble[4]
- Partie nécessitant d'être considérée séparément de l'ensemble[5]
- Tout petit élément d'une structure ou d'un ensemble, considéré comme une unité.[6]

Les sens du mot "détail" varient comme suit:

Sens 1: Vente par petites quantités, par opposition à la vente en gros

---

[3] http://www.larousse.fr/dictionnaires/francais/detail
[4] https://fr.wiktionary.org/wiki/detail
[5] http://www.merriam-webster.com/dictionary/detail
[6] http://dictionary.reference.com/browse/detailing

Sens 2: Elément particulier d'un ensemble (les détails d'un événement)

Sens 3: Enumération précise de quelque chose

Sens 4: Elément secondaire, peu important[7]

De toutes ces définitions, il semble dégager pour le concept " *détail* " l'idée d'un élément considéré séparément dans un ensemble ou de quelque chose qui est secondaire, voire accessoire dans un tout.

En fait, le détail n'est pas un élément facultatif ou optionnel, ni un embellissement excessif, ni une décoration non désirée, mais il est une partie de l'ensemble et y joue un rôle prépondérant.

Le détail peut être tout élément d'un système dont la fonction n'est pas toujours évidente ou qui est sollicité au besoin. Les phares d'une voiture sont mises en marche quand la nuit tombe. Une voiture peut rouler toute la journée sans les phares. Les essuies - glaces d'une voiture sont particulièrement nécessaires quand il pleut.

Certaines fois, les détails qui sont peu sollicités dans un

---

[7] http://www.linternaute.com/dictionnaire/fr/definition/detail/

système peuvent se révéler encombrants voire inutiles pour ceux qui ne se rendent pas encore compte de leur nécessité.

Le détail d'un système est fort souvent indispensable à son fonctionnement. Dans certains cas rares, les détails peuvent être optionnels.

Perception des détails par l'homme

Les gens de toutes catégories appréhendent, s'approprient et traitent les détails de différentes manières. L'appréhension et l'appropriation des détails varient en fonction de plusieurs paramètres dont le niveau de connaissance et l'expérience y relative. Généralement, l'homme perçoit les détails en fonction de leur dimension, poids, l'espace temporel occupé et leurs rôles dans un ensemble.

Un scientifique ne conçoit pas, ni ne traite pas les détails de la même manière qu'un simple ouvrier. Le scientifique est convaincu que le détail doit être bien considéré pour ne pas fausser les résultats attendus ou faire échouer l'expérience scientifique. Il prête une attention soutenue au traitement des détails et est prêt à tout reprendre pour s'assurer que les détails sont pris en compte. Pour ce dernier, le détail comme élément de l'ensemble doit compter comme tous les autres.

Pour l'homme ordinaire, le détail est quelque chose d'insignifiant qu'il faut ignorer, voire éliminer dans certains cas. Il le voit comme une bagatelle ou une broutille qui peut consommer le temps si l'on y prête attention. Selon lui, le détail n'a pas de poids et ne peut pas impacter les résultats dans un sens ou dans l'autre. Quand tout marche bien, l'homme ordinaire ne voit pas de différence dans les systèmes avec ou sans les détails.

La perception des détails prend de la valeur à partir du niveau d'éducation d'une personne. Au fur et à mesure que son niveau d'éducation progresse, la perception de l'homme du détail croît. L'appréciation des détails est directement proportionnelle au niveau de formation d'un individu. L'élève en primaire peut se rendre compte qu'un accent omis sur la lettre "*a*" baisse sa note et l'élève en secondaire fait le même constat dans ses résultats quand il ne prend pas tous les chiffres de la fraction "**1**/*3* ". Le scientifique veille au détail pour n'avoir pas à reprendre le processus à chaque fois.

Plus la personne est formée, plus elle est encline à considérer le poids des détails dans tout ce qui se fait. Le vulgaire s'attache à ce qui est énorme et géant, et il n'arrive pas à apprécier ce qui est petit et à l'échelle micro. Un profane a du mal à accepter que les microbes ne peuvent pas être vus à l'œil nu. Puisqu'ils ne sont pas physiquement imposants à ses yeux, il doute tout simplement de leur existence.

En général, les femmes attachent plus d'importance aux détails pour différentes raisons. Leur sensibilité pour les détails parait certaines fois infondée pour les hommes qui ont toujours tendance à minimiser les petites choses qui intéressent les femmes. Le sens des détails de l'homme lui est donné par Dieu.

Importance des détails

La vie comme la mort n'est faite que de détails[8]

Si le détail est une unité, comment peut - il ne pas être important quand on sait que tout ensemble est composé d'un ensemble d'unités? Les détails comptent et conditionnent la réussite de tout. Tout est fait d'un ensemble de détails nécessaires. Chaque détail compte en termes de quantité et de qualité. Si le détail n'était pas nécessaire, il ne serait pas un élément constitutif du

---

[8] Eric Hossam

système. Les détails sont conçus dans un esprit de connexion et d'interaction avec les autres parties de l'ensemble. Dans le corps humain, tous les détails sont interconnectés pour garantir un fonctionnement harmonieux.

La réussite d'une production repose sur l'attention prêtée aux détails[9]

Les détails sont essentiels à la satisfaction d'un besoin ou d'un désir. Aucun ouvrier ne peut répondre aux attentes de son patron si celui-ci ne lui communique pas les détails précis du travail à réaliser. Dans le cadre d'un contrat, tous les détails et toutes les spécifications doivent être mentionnés pour garantir la satisfaction des parties contractuelles. Un moindre détail manquant peut amener à tout renégocier, voire tout refaire dans certains cas.

Considérons une voiture, c'est un ensemble très complexe. Une voiture est composée de plusieurs milliers de petites parties que l'on peut appeler détails dans ce contexte. On peut énumérer les vis, boulons, écrous, tapis, l'accoudoir, le détonateur, la marchepied,......etc.

Tous ces éléments pris séparément sont - ils importants? Oui, et absolument oui. Quand l'un d'entre eux n'est pas là,

---

[9] David O. Selznick

quelque chose manque et nuit en partie ou bloque le fonctionnement de la voiture.

Une voiture peut fonctionner sans la marchepied, mais le chauffeur doit faire un effort pour y prendre place à cause de l'absence de ce dispositif qui facilite à tous l'accès à l'intérieur de la voiture. Il y a toute une différence entre la voiture munie de la marchepied et celle qui en est dépourvue. Pourquoi alors? La marchepied sert à quelque chose. Une voiture flambant neuve peut rester immobilisée à cause de l'absence ou du dysfonctionnement d'un détonateur qui ne coûte presque rien. Certainement, un détonateur qui coûte moins qu'un dollar peut bloquer le démarrage d'une voiture neuve. Un fil électrique d'un millimètre de diamètre coupé empêche l'alimentation électrique d'une voiture neuve dont toutes les autres parties fonctionnent parfaitement bien.

Une seconde est un détail du temps qui n'est pas considéré par un homme ordinaire. Le plus souvent, il n'est même pas perceptible pour ceux qui l'observent s'écouler. Cependant, dans les domaines techniques, une seconde peut être une éternité en tenant compte de ce qu'elle permet de réaliser et de son impact quand il est un retard. La lumière voyage à 300 000 km par seconde. Qu'est - ce que cette vitesse représente pour vous? Pendant une seconde, la lumière traverse 300 000 km, donc cet espace temporel est très important pour l'énergie lumineuse. Les ondes électromagnétiques comme la lumière parcourent le tour de la terre 7 fois et demi en une seconde. Vous pouvez vous rendre compte du bilan de la lumière en une seconde, que c'est extraordinaire!

Si ces ondes exigeaient 5 minutes pour atteindre 500 km, comment seraient possibles les communications téléphoniques? Il faudrait une semaine pour terminer une longue conversation téléphonique.

Dans une liaison par satellite, un délai de 240 millisecondes est occasionné par la montée du signal vers l'engin spatial et sa descente vers une station terrienne (120 millisecondes pour la montée et 120 millisecondes pour la descente). Que représentent 240 millisecondes aux yeux d'une personne ordinaire? Ce n'est rien, c'est un détail à ignorer. Ce n'est même pas compréhensible voire perceptible pour l'homme. Cependant, ce délai a un poids sur les transmissions des signaux par satellite. Une milliseconde est une seconde divisée en mille parties ou espaces temporels, c'est insaisissable! Une microseconde est une seconde divisée en un million d'espaces temporels; le moteur de recherche google affiche plus de 17 milliards de résultats pour le mot "facebook" pendant 0.34 seconde de recherche. Ce serait plus de 50 milliards de résultats pendant une seconde, soit environ 50 mille résultats par microseconde, c'est encore plus insaisissable pour l'homme!

Dans les télécommunications, de nombreuses opérations sont faites pendant une seconde, une milliseconde et une microseconde. Ce sont les avantages de ces détails qui nous offrent le confort dont nous nous régalons tant.

Dans une chaine de production automatique, quelques secondes d'arrêt ou de retard peuvent signifier que des dizaines de pièces ou produits ne sont pas fabriqués.

Dans un message écrit, il y a les lettres de l'alphabet et les signes de ponctuation qui y jouent un rôle crucial. Le choix d'utiliser des lettres alphabétiques spécifiques et des signes de ponctuation particulier est un choix justifié. Les virgules ne remplacent pas les points, non plus les points d'interrogation ne sont pas mis à la place des points d'exclamation.

On est obligé de réimprimer une lettre pour une virgule qui manque. Tous les détails doivent être à leur place pour avoir le résultat escompté. Analysez ces deux ordres pour mieux comprendre comment un simple mot peut faire toute une différence: *Arrêtez, pas tuez* et *arrêtez pas, tuez* ou encore *grâce pas, tuez* et *grâce, pas tuez*.

Une différence d'un millimètre dans la dimension d'une pièce empêche son installation dans un dispositif. Mais, un millimètre, c'est un millième d'un mètre. Cette mince couche additionnelle ne devrait pas déranger, dirait - on. La réalité est toute autre puisque 10 millimètres sont inférieurs à 11 millimètres.

Quelle différence faites - vous entre l'ordinaire et l'extraordinaire? Il existe dans la perception un monde de différence entre l'ordinaire et l'extraordinaire, mais dans les faits, il n' y a qu'un petit extra qui est ajouté à tout ce qui est ordinaire pour le transformer en extraordinaire. Un élève qui en plus de donner la réponse exacte à une question fait une action extraordinaire quand il explique sa réponse.

D'où vient l'importance des détails?

L'importance des détails vient du fait que tout système fonctionne grâce à ses détails. Si tous les détails ne sont pas mobilisés en même temps pour le faire fonctionner, mais la plupart de ses parties doivent être mises en marche à cette fin.

Pour se laver, le corps humain fait appel à différents détails le composant pour réaliser cette tâche. De même pour bailler, l'homme mobilise plusieurs muscles et organes.

Le démarrage d'une voiture exige la mobilisation de la majorité de ses composantes.

Quand un centime manque à un million de dollars, il n'est plus question de million, le montant est quelque chose d'autre.

Dans un système quelconque, le fonctionnement des détails se synchronise pour pouvoir donner le résultat attendu. L'air conditionné d'une voiture doit attendre la mise en marche du moteur pour qu'il commence à circuler à l'intérieur du véhicule. Il existe une interrelation dans le fonctionnement de tout système.

Négligence des détails

Une poignée d'hommes parvient à s'enrichir simplement en prêtant attention aux détails que la plupart des gens négligent[10]

Peut - on envisager une négligence temporaire des détails? Pourquoi laisser tomber quelques détails certaines fois? Quels détails faut - il négliger pendant un moment? Quand prendre cette décision ?

---

[10] Henry Ford

Il arrive à tout le monde de laisser tomber les détails. On peut être précautionneux dans un domaine, et négligent dans un autre.

Tout dépend des détails et priorités du moment. Il faut choisir les opportunités pendant lesquelles l'on doit tenir compte ou négliger les détails. La négligence temporaire des détails peut être envisagée dans certains cas par rapport aux priorités de l'heure.

Le conducteur d'une voiture sans phare peut rouler en toute quiétude pendant la journée. A la nuit tombée, il n'a plus ce loisir.

Négliger quelques détails dans certains cas doit être un choix rationnel. En s'amusant à laisser tomber fréquemment les détails, on risque de tout perdre, car ce sont ces éléments considérés comme insignifiants qui constituent le socle de votre vie et la garantie de votre réussite.

Un scientifique peut ne pas négliger les détails dans son travail scientifique, mais ignore tant de choses dans sa vie personnelle ou privée. Un Ingénieur civil peut être très méticuleux dans le calcul du béton armé alors qu'il ne se soucie pas de vérifier le niveau d'acide dans la batterie de sa voiture. Alors qu'il se précipite pour aller appliquer les calculs rigoureux, la voiture ne peut pas démarrer à cause du niveau d'acide trop bas dans sa batterie.

Un médecin peut être très rigoureux dans sa profession et traite de nombreux patients, mais il peut ne pas pouvoir gérer sa langue en traitant les patients de n'importe quelle manière. L'utilisation de la langue devrait être un allié de sa profession, et non un adversaire.

Tout le monde néglige en connaissance de cause ou par ignorance des détails qui peuvent compromettre de nombreuses choses. Cependant, certains groupes d'individus négligent davantage de choses que d'autres.

Quelqu'un qui néglige les détails de sa vie spirituelle peut être très méticuleux dans ses activités académiques. La femme qui soigne régulièrement son look peut laisser sa chambre dans un état d'insalubrité extrême. Le médecin qui est très sensible à son hygiène corporelle peut ne pas accorder trop d'importance à l'encadrement dont les enfants ont besoin.

Impacts des détails

Le bonheur vient de l'attention prêtée aux petites choses, et le malheur de la négligence des petites choses[11]

Quand un détail manque, on s'en aperçoit ou il suscite un problème. L'impact des détails est surtout senti quand ils gâchent la fête ou font perdre gros.

L'impact du détail s'explique par sa conséquence positive ou négative sur le fonctionnement d'un système. Quand les détails sont bien pris en compte, il est question de la bonne marche des structures, donc on peut parler d'impacts positifs. Quand le détail est négligé en connaissance de cause ou par ignorance, son absence se fait sentir. Le fonctionnement du système n'est pas optimal. On fait face, dans ce cas, à des conséquences négatives.

Prenons le sel comme un détail parmi tous les détails. Que se passe t-il quand il est présent dans la nourriture? En jouant son rôle, il rend le plat consommable. Quand il n'est pas disponible, toutes les bouches en parlent et font l'éloge de sa vertu et le cherchent pour donner du gout au repas.

Une virgule change positivement ou négativement le sens d'une phrase, donc de toute la lettre. En droit, aucune

---

[11] Proverbe chinois

omission ne doit être faite sans une réflexion préalable. *Un mot et tout est perdu, un mot et tout est sauvé* disait André Breton. Les avocats ne veulent pas perdre les procès pour un mot de trop ou un mot en moins. Les discours des chefs d'Etat du monde sont rédigés par une équipe de conseillers et révisés par une autre équipe pour s'assurer que tout détail nécessaire y est pour qu'ils puissent avoir l'impact escompté. Entre *et* et *ou*, il y a des détails qu'il faut considérer. Sur un compte en banque, si la signature du comptable en chef et celle de l'administrateur sont requises pour valider une transaction, c'est - à- dire, les deux signatures sont obligatoires, aucun chèque ne peut être payé si l'un d'eux est absent. Cependant, la situation serait tout autrement si les signatures étaient liées par ou, ainsi n'importe lequel des deux pourrait signer un chèque pour faire la transaction sans la présence de l'autre.

De même dans un contrat, il faut prêter attention aux détails. Il y a un monde de différence entre toujours et jamais. Des gens perdent des fortunes pour un seul mot.

Un médicament ne peut pas avoir l'effet attendu si ses détails ne sont pas appliqués. Le mode d'emploi d'un médicament quelconque est essentiel à son efficacité.

En mathématiques, tous les élèves ont fait au moins une fois de leur vie une expérience douloureuse avec le signe moins (-). Cette petite barre horizontale a déjà dérangé tout un chacun soit au cours du traitement des exercices de mathématiques, soit dans un examen de mathématiques. On peut perdre une heure à chercher la cause de l'erreur dans la résolution d'un problème de mathématiques, et on peut tout carrément échouer dans un examen à cause de ce petit signe moins. Qui aurait cru qu'un signe moins peut faire autant de gâchis? Les élèves qui prêtent attention à ce signe résolvent le problème de mathématiques correctement et obtiennent la note y relative alors que les autres n'y parviennent pas et doivent dans certains cas reprendre le cours.

L'importance des détails dans les rapports comptables ou dans les audits n'est plus à démontrer. En effet, quelques centimes en moins font perdre beaucoup de temps. Les auditeurs des grandes entreprises doivent chercher à la loupe les pièces justificatives pour des dépenses inferieures à 100 dollars. Ce petit montant représente un détail devant les millions de dollars que l'entreprise brasse comme chiffre d'affaires. Cette somme apparemment insignifiante peut susciter des enquêtes sur toutes les personnes susceptibles d'être impliquées dans ce détournement d'argent. Dans certains cas, la prison peut être envisagée comme punition pour les fautifs.

Dans la vie d'un couple, la gestion des détails peut faire toute une différence. Le bonheur de la femme est tributaire d'un ensemble de détails. Mais si le mari ignore les détails de sa femme ou les néglige, son épouse se sentira lésée et non comprise. Cette situation peut déboucher sur le divorce. Les détails de la femme peuvent être ses désirs, attentes, goûts et aspirations. Elle peut aimer la plage, le cinéma, les randonnées, etc. Ce sont ses détails chers à elle et qui la font sentir bien dans sa peau.

L'homme a aussi des détails dont la femme doit s'occuper pour prouver à son mari qu'elle l'aime vraiment. Les détails de l'homme peuvent être le sport, la course, la marche, etc.

Quand l'un des partenaires connait et s'exerce à satisfaire les détails de l'autre, il y a forcément joie et satisfaction au sein du couple. Toute personne se sent confortable là où ses désirs sont pris en compte. Ce sont les petites attentions qui font les plus belles relations du monde.

La conduite nocturne sous la pluie exige le fonctionnement de nombreux éléments d'une voiture. Les phares, les balais et le climatiseur sont, entre autres, les détails qui seront sollicités à ce moment précis. Une réaction d'une seconde permet d'éviter un accident de la circulation. Une manœuvre aéronautique retardée de quelques secondes peut provoquer le crash d'un avion.

Dieu est effectivement dans les détails. Quand tous les détails sont considérés et pesés dans une initiative, la réussite est garantie. En d'autres termes, tout ce qui peut garantir le succès de l'entreprise n'est pas négligé. C'est un peu comme un combattant qui met toutes les forces et les atouts de son côté. On peut même extrapoler pour dire que la force et la puissance sont dans les détails. Généralement, quand les précautions permettent qu'une initiative réussisse, on attribue le succès à l'implication de Dieu dans le projet.

Le diable est aussi dans les détails. Quand quelque chose échoue par manque d'attention et de précision, on pointe forcément du doigt un bouc émissaire. De nombreuses initiatives sont mort- nées à cause des détails qui n'ont pas été pris en compte dès le départ. Pour justifier son manque de soin et de précision, le diable est souvent mis faussement en accusation.[12]

---

[12] Cette partie traitant des détails est extraite du livre : "Négligence, votre premier ennemi" par Gregory DOMOND

2

DIEU ET LES DETAILS

Tout détail est sacré. Dieu est plein de détails[13]

Comment Dieu voit - Il les détails? Dieu en tant qu'Etre Suprême a t-Il quelque chose à voir avec les détails? Les attributs de Dieu renferment -ils des détails? Dieu exige - t-Il des détails pour Ses œuvres?

Les nombreux éléments minuscules qui composent l'univers suggèrent que tous les détails comptent pour Dieu. Toutes les particules, les molécules ne sont pas inutiles, elles sont nécessaires à quelque chose aux yeux du Dieu Créateur.

---

[13] Pierre Oster Soussouev

21

Attributs de Dieu et les détails

Tous les attributs de Dieu montrent qu'aucun détail n'échappe à Son essence. Les traits caractéristiques personnels du créateur de l'univers embrassent tout. Une analyse minutieuse permet de se rendre compte que tous les détails relatifs à Sa nature divine sont présents dans toutes Ses caractéristiques. Ici quelques - uns de Ses principaux attributs sont analysés pour mieux comprendre leurs rapports avec les détails.

Omniprésence

Où irais-je loin de ton esprit, Et où fuirais-je loin de ta face? Si je monte aux cieux, tu y es; Si je me couche au séjour des morts, t'y voilà. Si je prends les ailes de l'aurore, Et que j'aille habiter à l'extrémité de la mer, Là aussi ta main me conduira, Et ta droite me saisira.[14]

L'omniprésence, c'est la qualité de ce qui est en tout et partout. Dieu est omniprésent.

L'omniprésence de Dieu signifie que le créateur est dans tous les coins de l'univers en même temps. Son

---

[14] Psaumes 139 :7-10

omniprésence ne veut pas dire qu'une partie de Dieu est Europe, une autre partie est en Asie, et une autre se trouve en Amérique. Il est partout en même temps dans toute Sa Plénitude. Aucun point sur la terre ne peut se soustraire au contrôle de Dieu. Tous les détails de l'Univers peuvent être éclairés à tout moment par la présence pleine et entière de Dieu.

Dieu est près de chacun de nous en même temps; Dieu nous voit tous où que nous soyons. Aucun espace temporel ne peut passer inaperçu aux yeux de Dieu. Dieu est témoin oculaire de tout événement.

Les yeux de l'Éternel sont en tout lieu, observant les méchants et les bons.[15]

Actes 17 :24-28, Jérémie 23:24, Deutéronome 4 :7, Esaïe 43 :1-2 et Matthieu 18 :20 sont des versets- clé sur l'omniprésence de Dieu.

[15] Proverbes 15:3

Omniscience

Notre Seigneur est grand, puissant par sa force, Son intelligence n'a point de limite.[16]

L'omniscience, c'est la qualité de celui qui possède toute la connaissance des choses passées, présentes et futures. Dieu est omniscient. Rien n'est caché devant la face de Dieu. Aucun détail n'échappe à son savoir. Le Créateur sait à l'avance ce que l'homme qu'il créera mille ans après deviendra dans sa vie terrestre. Il connait les détails de tous Ses fils et filles. Il connait également les mécanismes de fonctionnement de toutes les choses de l'univers.

Éternel! tu me sondes et tu me connais,

Tu sais quand je m'assieds et quand je me lève, Tu pénètres de loin ma pensée;

Tu sais quand je marche et quand je me couche, Et tu pénètres toutes mes voies.

Car la parole n'est pas sur ma langue, Que déjà, ô Éternel! tu la connais entièrement.[17]

Dieu connait nos pensées, nos paroles et nos actions. Certainement, tous détails de nos pensées, paroles et actions sont devant Ses yeux.

---

[16] Psaume 147:5
[17] Psaume 139: 1- 4

Psaumes 139 : 11-12 , Hébreux 4:13, Daniel 2 :20-22 ,
Psaumes 147 :4 -5, Ésaïe 40 : 28 et Proverbes 15:26 sont
des textes bibliques à consulter sur l'omniscience de Dieu.

Omnipotence

*...........l'Éternel apparut à Abram, et lui dit: Je suis le Dieu Tout -
Puissant. Marche devant ma face, et sois intègre.*[18]

L'omnipotence, c'est la capacité d'agir sur tout et partout à
la fois. Cet attribut divin suggère que Dieu a sous Son
contrôle une puissance infinie et illimitée pour Ses actions.
Une puissance infinie et illimitée renvoie à deux choses: i) Il
dispose de tous les moyens, donc rien ne lui manque pour
accomplir Ses œuvres. ii) Aucune chose n'échappe à
l'emprise de Sa Toute - Puissance, c'est - à- dire, qu'aucun
détail humain ou matériel ne peut se soustraire à l'autorité
de Dieu.

*Tu es grand en conseil et puissant en action; Tu as les yeux ouverts
sur toutes les voies des enfants des hommes, Pour rendre à chacun
selon ses voies, Selon le fruit de ses œuvres.*[19]

Lisez les passages bibliques suivants pour mieux
comprendre la Toute - Puissance de Dieu.

---

[18] Genèse 17:1
[19] Jérémie 32:19

Apocalypse 1:8, Luc 1:37, Psaume 115:3 et 1 Chroniques 29: 11- 12

Eternité

Avant que les montagnes fussent nées, et que tu eusses créé la terre et le monde, D'éternité en éternité tu es Dieu.[20]

L'Eternité, c'est ce qui n'a ni commencement, ni fin. L'Éternité de Dieu se réfère à une existence infinie, c'est - à - dire, celle qui couvre tout l'espace temporel qui est inimaginable pour l'homme. Dieu existe avant le temps et il n'est pas limité dans le temps, donc pas une seconde s'écoule avant Lui, ni après Lui. Tout l'espace temporel est sous Son contrôle.

Les passages bibliques ci - dessous parlent de l'Eternité de Dieu: Psaume 102 : 26 - 28, Genèse 1:1, Psaume 92:9, Genèse 21: 33 et Apocalypse 1:8

Immuabilité

Car je suis l'Éternel, je ne change pas.[21]

L'immuabilité, c'est la qualité de ce qui n'est pas sujet au changement. Ce qualificatif se rapporte à Dieu ou aux

---

[20] Psaumes 90:2
[21] Malachie 3:6

choses divines.

L'immuabilité ou l'immutabilité de Dieu implique tout simplement que Dieu conserve tous les détails de Son être. Les traits caractéristiques qui font de lui le Dieu de l'Univers ne sont pas sujets au changement, et ne perdront pas un iota de leurs contenus.

Jacques 1:17 parle du caractère immuable de Dieu.

Infinité

Mon âme, bénis l'Éternel! Éternel, mon Dieu, tu es infiniment grand! Tu es revêtu d'éclat et de magnificence! [22]

L'infinité, c'est la qualité de ce qui n'a pas de bornes. L'infinité décrit ce qui est illimité dans le temps et dans l'espace.

Le caractère infini de Dieu implique que tout est compris dans l'espace contrôlé par Dieu. En d'autres termes, le Créateur embrasse tout et ne laisse tomber aucun détail.

Dieu est infini, c'est - à - dire qu'il ne connait aucune limitation. Rien ne limite son existence, sa connaissance et sa présence dans l'univers.

---

[22] Psaumes 104: 1

Psaumes 147: 5, Ephésiens 1: 18 - 19 et Romains 11: 33 - 36 sont des textes bibliques qui abordent le caractère infini de Dieu.

Il en ressort que Dieu en tant qu'Esprit ne peut être limité dans l'espace physique et temporel. Il envahit, pénètre, enveloppe et absorbe cet espace physique et temporel.

Les détails établissent et consacrent l'unicité de Dieu. L'infinité, l'omniscience, l'omniprésence, l'omnipotence, l'immuabilité et l'Eternité sont des détails qui sont exclusivement attribués à Dieu. Ce sont ces traits caractéristiques qui font du Créateur de l'univers un être si unique. Il est le seul à posséder ces qualificatifs. Les attributs de Dieu poussent le Psalmiste à demander au Créateur: Qui est Semblable à toi?

L'Éternel est élevé au-dessus de toutes les nations, Sa gloire est au-dessus des cieux. Qui est semblable à l'Éternel, notre Dieu? [23]
Les attributs de Dieu montrent que le Créateur de l'univers embrasse tous les détails de ce qui était, est et sera.

Détails pour l'unicité de tout

Qu'est ce qui rend chacun de nous si unique? Qu'est ce qui

---

[23] Psaume 113: 4 - 5

différencie une chose d'une autre?

Tout est unique dans ce monde grâce aux détails.

Ce sont les détails qui rendent chaque être humain unique.

Il en est de même du règne animal et du règne végétal.

Il n'existe pas sur la terre deux personnes identiques au sens strict du terme. Même les jumeaux reconnus identiques n'ont pas tous les mêmes détails, donc ils sont bien différents au lieu d'être identiques au vrai sens du terme. Nous sommes tous différents les uns des autres. Pourquoi? Parce que des détails nous différencient et nous distinguent les uns des autres. Un même principe universel est la base de l'homme, mais chaque homme est doté de ses particularités. L'homme est une combinaison de l'universel et de particularités. L'odeur corporelle et le rythme cardiaque sont des détails uniques chez les êtres humains.

Il n'existe pas deux animaux qui soient identiques, non plus deux arbres. Ce sont les détails qui jouent le rôle de différentiation et distinction entre les humains et les autres choses.

Le détail est un outil que Dieu utilise pour établir une distinction nette et claire entre les humains, les animaux et les choses. Nous ne sommes pas tous nés à la même date précisément et nous ne mourrons pas à la même seconde.

On n'a pas tous le même nombre de cheveux, non plus le même poids. A chaque créature est attribué un nom selon ses particularités. Un homme se différencie d'une femme par des détails spécifiques. Des traits distinctifs différencient le bébé de l'enfant, de même que des caractéristiques de toutes sortes établissent une différence entre le vieillard et le jeune homme. Il existe sur la terre plus de 7 milliards d'hommes et de femmes différents. Leurs noms indiquent déjà que Jean a une constitution différente de celle de Pierre. Depuis la création du monde jusqu'à aujourd'hui, il n'existe pas deux personnes ayant les mêmes détails biologiques. Des détails établissent des différences quantitatives et qualitatives dans tout ce qui existe dans l'univers.

Chaque créature de Dieu est constituée d'un ensemble de détails distinctifs. Chaque œuvre humaine suit la règle de la distinction par les détails. Il est impossible à l'homme de faire deux choses identiques, un détail précis les distinguera de toute façon.

Les détails conçus par Dieu pour toutes choses sont des outils qui lui permettent de distinguer chacune d'entre elles, le bon du mauvais et le sacré de l'impur. Dieu s'accroche aux détails pour sonder toutes choses. Dieu identifie chaque créature par ses détails. Il connait les cris des humains, ceux de tous les animaux grâce à leurs spécifications propres.

Détails des œuvres de Dieu

Dans ce contexte, les œuvres de Dieu comprennent tout ce qu'Il demande pour Sa gloire, Son adoration et pour Son peuple. Les offrandes, les sacrifices, le temple, le tabernacle doivent se conformer aux détails précis pour être agréés par Dieu. Moise, Salomon, Betsaleel et d'autres Serviteurs de Dieu ont dû observer tout ce qui a été ordonné soit pour construire le tabernacle, les autels, soit pour organiser le camp afin de ne pas déplaire au Créateur.

Dieu qui est un Dieu de détails dans son Essence n'accepte pas les choses imprécises ou approximatives. Dieu est extrêmement minutieux. Si pour une certaine catégorie d'êtres humains, les détails ne comptent pas, mais pour Dieu qui compose toujours avec des détails, la situation est tout le contraire. Dieu s'intéresse aux détails qualitativement et quantitativement. Un détail qui manque rend l'œuvre incomplète. Un détail en moins enlève la qualité à l'œuvre. Dieu dit toujours le nombre de détails de ce qu'Il demande (Exode 26) pour que l'œuvre lui soit agréable. Le Créateur insiste toujours sur la quantité de détails de ce qu'Il demande de faire pour les hommes. La qualité des détails est une exigence ferme de Dieu. Dieu ne veut pas de quelque chose d'approximatif. Les détails doivent passer le test de qualité (Exode 25). Il n'acceptera pas un cheveu de femme pour un cheveu d'homme.

Ce sont les détails qui répondent aux attentes de Dieu. Dieu n'accepte aucune offrande qui manque un détail. Aucune chose ne peut lui être agréable si les détails spécifiques ne sont pas pris en compte. Tous les détails comptent pour Dieu.

Maudit soit celui qui fait avec négligence l'œuvre de l'Eternel.[24]

Le ministère que Dieu confie à chacun de nous doit être exercé avec soin et exactitude.

Car nous sommes son ouvrage, ayant été créés en Jésus Christ pour de bonnes œuvres, que Dieu a préparées d'avance, afin que nous les pratiquions.[25]

---

[24] Jérémie 48:10

[25] Ephésiens 2:10

Ainsi parle l'Éternel des armées: Considérez attentivement vos voies!
Montez sur la montagne, apportez du bois, Et bâtissez la maison:
J'en aurai de la joie, et je serai glorifié, Dit l'Éternel.[26]

Dans le livre d'Exode (Exode 25), Dieu donna des ordres et des instructions précis pour la construction du tabernacle. Il décrit l'arche, la table et le chandelier. Le chapitre 26 du livre Exode se consacre à une description détaillée du tabernacle. Le chapitre 27 fait quant à lui la description détaillée de l'autel, des holocaustes et du parvis. Les chapitres 35 à 40 du livre d'Exode fournissent des détails plus précis pour l'accomplissement du plan de l'Eternel.

Passons en revue quelques détails que Dieu donna pour la réalisation de son projet. Parmi ces spécifications: les matériaux précis, les couleurs des étoffes, des peaux d'animaux spécifiques, d'huiles spécifiques, des pierres précises. Dieu précisa les matériaux et les dimensions de l'arche et de la table. Il donna également des instructions précises pour le chandelier d'or. Des détails précis ont été également fournis relativement aux couvertures, aux planches, aux bases, au revêtement et au voile intérieur. Une lecture des chapitres 25 à 27 et 35 à 40 du livre

---

[26] Aggée 1: 7- 8

d'Exode vous convaincra davantage de l'importance des détails aux yeux de Dieu.

Rien n'est laissé au hasard dans les accomplissements de Dieu. Dieu qui a décidé du nombre de cellules du corps humain ne peut pas tolérer des produits dont leur réalisation est purement aléatoire. Dieu n'acceptera aucun sacrifice de ses enfants sans les détails précis. Aucun détail ne doit manquer à ce qui est dédié à Dieu. Des précisions à un millimètre près ne sont pas suffisantes aux yeux de Dieu.

Cinq versets des chapitres 25 à 27 et 35 à 40 du livre d'Exode sont reproduits ici pour vous permettre de bien apprécier la quantité et la qualité des détails imposés par Dieu pour Ses œuvres.

Voici quelques - uns des détails exigés pour la construction du tabernacle selon Exode 25.

Vous ferez le tabernacle et tous ses ustensiles d'après le modèle que je vais te montrer.

Ils feront une arche de bois d'acacia, sa longueur sera de deux coudées et demie, sa largeur d'une coudée et demie, et sa hauteur d'une coudée et demie.

Tu la couvriras d'or pur, tu la couvriras en dedans et en dehors, et tu y feras une bordure d'or tout autour.

Tu fondras pour elle quatre anneaux d'or, et tu les mettras à ses quatre coins, deux anneaux d'un côté et deux anneaux de l'autre côté.

Tu feras des barres de bois d'acacia, et tu les couvriras d'or.[27]

Dans le chapitre 26 du livre d'Exode, il est précisé les tissus, les couleurs, les dimensions, le nombre de tapis, les représentations, la disposition des éléments et les autres accessoires devant constituer la couverture du tabernacle.

Tu feras le tabernacle de dix tapis de fin lin retors, et d'étoffes teintes en bleu, en pourpre et en cramoisi; tu y représenteras des chérubins artistement travaillés.

La longueur d'un tapis sera de vingt-huit coudées, et la largeur d'un tapis sera de quatre coudées; la mesure sera la même pour tous les tapis.

Cinq de ces tapis seront joints ensemble; les cinq autres seront aussi joints ensemble.

Tu feras des lacets bleus au bord du tapis terminant le premier assemblage; et tu feras de même au bord du tapis terminant le second assemblage.

Tu mettras cinquante lacets au premier tapis, et tu mettras cinquante lacets au bord du tapis terminant le second assemblage; ces lacets se

---

[27] Exode 25 : 9 -13

35

correspondront les uns aux autres.[28]

Selon le chapitre 27 du livre d'Exode, les types de bois, les dimensions, la forme et les autres éléments qui y seront intégrés sont indiqués avec précision.

Tu feras l'autel de bois d'acacia; sa longueur sera de cinq coudées, et sa largeur de cinq coudées. L'autel sera carré, et sa hauteur sera de trois coudées.

Tu feras, aux quatre coins, des cornes qui sortiront de l'autel; et tu le couvriras d'airain.

Tu feras pour l'autel des cendriers, des pelles, des bassins, des fourchettes et des brasiers; tu feras d'airain tous ses ustensiles.

Tu feras à l'autel une grille d'airain, en forme de treillis, et tu mettras quatre anneaux d'airain aux quatre coins du treillis.

Tu le placeras au-dessous du rebord de l'autel, à partir du bas, jusqu'à la moitié de la hauteur de l'autel.[29]

L'attitude de ceux qui offrent des offrandes et les types d'offrandes à donner sont définis rigoureusement dans le chapitre 35 du livre d'Exode.

Moïse parla à toute l'assemblée des enfants d'Israël, et dit: Voici ce que l'Éternel a ordonné.

---

[28] Exode 26: 1- 5
[29] Exode 27: 1 - 5

Prenez sur ce qui vous appartient une offrande pour l'Éternel. Tout homme dont le cœur est bien disposé apportera en offrande à l'Éternel: de l'or, de l'argent et de l'airain;

des étoffes teintes en bleu, en pourpre, en cramoisi, du fin lin et du poil de chèvre;

des peaux de béliers teintes en rouge et des peaux de dauphins; du bois d'acacia;

de l'huile pour le chandelier, des aromates pour l'huile d'onction et pour le parfum odoriférant.[30]

Dans le chapitre 36 du livre d'Exode, il est précisé les tissus, les couleurs, les dimensions, le nombre de tapis, les représentations, la disposition des éléments et les autres accessoires devant constituer la couverture du tabernacle.

Tous les hommes habiles, qui travaillèrent à l'œuvre, firent le tabernacle avec dix tapis de fin lin retors et de fil bleu, pourpre et cramoisi; on y représenta des chérubins artistement travaillés.

La longueur d'un tapis était de vingt-huit coudées; et la largeur d'un tapis était de quatre coudées; la mesure était la même pour tous les tapis.

Cinq de ces tapis furent joints ensemble; les cinq autres furent aussi joints ensemble.

---

[30] Exode 35: 4 - 8

On fit des lacets bleus au bord du tapis terminant le premier assemblage; on fit de même au bord du tapis terminant le second assemblage.

On mit cinquante lacets au premier tapis, et l'on mit cinquante lacets au bord du tapis terminant le second assemblage; ces lacets se correspondaient les uns aux autres.[31]

Des détails précis tels que le type de bois, les dimensions, les matériaux de couverture et les autres accessoires sont données dans le chapitre 37 du livre d'Exode pour la construction de l'arche de l'alliance.

Betsaleel fit l'arche de bois d'acacia; sa longueur était de deux coudées et demie, sa largeur d'une coudée et demie, et sa hauteur d'une coudée et demie.

Il la couvrit d'or pur en dedans et en dehors, et il y fit une bordure d'or tout autour.

Il fondit pour elle quatre anneaux d'or, qu'il mit à ses quatre coins, deux anneaux d'un côté et deux anneaux de l'autre côté.

Il fit des barres de bois d'acacia, et les couvrit d'or.

Il passa les barres dans les anneaux sur les côtés de l'arche, pour porter l'arche.[32]

---

[31] Exode 36 : 8 - 12
[32] Exode 37: 1-5

Il est recommandé dans le chapitre 38 du livre d'Exode les types de bois, les dimensions, la forme, les autres éléments, les ustensiles, la disposition des éléments dans la construction de l'autel des holocaustes.

Il fit l'autel des holocaustes de bois d'acacia; sa longueur était de cinq coudées, et sa largeur de cinq coudées; il était carré, et sa hauteur était de trois coudées.

Il fit, aux quatre coins, des cornes qui sortaient de l'autel, et il le couvrit d'airain.

Il fit tous les ustensiles de l'autel, les cendriers, les pelles, les bassins, les fourchettes et les brasiers; il fit d'airain tous ces ustensiles.

Il fit pour l'autel une grille d'airain, en forme de treillis, qu'il plaça au-dessous du rebord de l'autel, à partir du bas, jusqu'à la moitié de la hauteur de l'autel.

Il fondit quatre anneaux, qu'il mit aux quatre coins de la grille d'airain, pour recevoir les barres.[33]

Au chapitre 39 du livre d'Exode, il est précisé les détails des vêtements sacrés que Aaron doit porter pour le service. Toutes les spécifications des accessoires des vêtements sont également fournies.

---

[33] Exode 38: 1- 5

Avec les étoffes teintes en bleu, en pourpre et en cramoisi, on fit les vêtements d'office pour le service dans le sanctuaire, et on fit les vêtements sacrés pour Aaron, comme l'Éternel l'avait ordonné à Moïse. On fit l'éphod d'or, de fil bleu, pourpre et cramoisi, et de fin lin retors.

On étendit des lames d'or, et on les coupa en fils, que l'on entrelaça dans les étoffes teintes en bleu, en pourpre et en cramoisi, et dans le fin lin; il était artistement travaillé.

On y fit des épaulettes qui le joignaient, et c'est ainsi qu'il était joint par ses deux extrémités.

La ceinture était du même travail que l'éphod et fixée sur lui; elle était d'or, de fil bleu, pourpre et cramoisi, et de fin lin retors, comme l'Éternel l'avait ordonné à Moïse.[34]

Les détails précis sont donnés au chapitre 40 du livre d'Exode quant à la position de l'autel d'or, l'autel des holocaustes, de la cuve, du parvis et du rideau. D'autres informations précises sont fournies sur l'huile d'onction et les autres éléments devant être utilisés dans le tabernacle dressé.

Tu placeras l'autel d'or pour le parfum devant l'arche du témoignage, et tu mettras le rideau à l'entrée du tabernacle.

---

[34] Exode 39: 1- 5

Tu placeras l'autel des holocaustes devant l'entrée du tabernacle, de la tente d'assignation.

Tu placeras la cuve entre la tente d'assignation et l'autel, et tu y mettras de l'eau.

Tu placeras le parvis à l'entour, et tu mettras le rideau à la porte du parvis.

Tu prendras l'huile d'onction, tu en oindras le tabernacle et tout ce qu'il renferme, et tu le sanctifieras, avec tous ses ustensiles; et il sera saint.[35]

David transmet les détails de la construction du temple à Salomon

Le Roi David a pris le soin de transmettre les plans ainsi que l'or et l'argent pour construire le temple de l'Eternel. David savait que Dieu tient aux détails, c'est pourquoi il a donné toutes les instructions à son fils pour l'exécution du projet en bonne et due forme. Lisez les passages bibliques ci -dessous pour constater les détails exigés par Dieu pour Son temple.

---

[35] Exode 40: 5 - 9

David donna à Salomon, son fils, le modèle du portique et des bâtiments, des chambres du trésor, des chambres hautes, des chambres intérieures, et de la chambre du propitiatoire.

Il lui donna le plan de tout ce qu'il avait dans l'esprit touchant les parvis de la maison de l'Éternel, et toutes les chambres à l'entour pour les trésors de la maison de Dieu et les trésors du sanctuaire, et touchant les classes des sacrificateurs et des Lévites, tout ce qui concernait le service de la maison de l'Éternel, et tous les ustensiles pour le service de la maison de l'Éternel.

Il lui donna le modèle des ustensiles d'or, avec le poids de ce qui devait être d'or, pour tous les ustensiles de chaque service; et le modèle de tous les ustensiles d'argent, avec le poids, pour tous les ustensiles de chaque service.

Il donna le poids des chandeliers d'or et de leurs lampes d'or, avec le poids de chaque chandelier et de ses lampes; et le poids des chandeliers d'argent, avec le poids de chaque chandelier et de ses lampes, selon l'usage de chaque chandelier.

Il lui donna l'or au poids pour les tables des pains de proposition, pour chaque table; et de l'argent pour les tables d'argent.

Il lui donna le modèle des fourchettes, des bassins et des calices d'or pur; le modèle des coupes d'or, avec le poids de chaque coupe, et des coupes d'argent, avec le poids de chaque coupe;

et le modèle de l'autel des parfums en or épuré, avec le poids. Il lui

donna encore le modèle du char, des chérubins d'or qui étendent leurs

ailes et couvrent l'arche de l'alliance de l'Éternel.

C'est par un écrit de sa main, dit David, que l'Éternel m'a donné

l'intelligence de tout cela, de tous les ouvrages de ce modèle.

David dit à Salomon, son fils: Fortifie-toi, prends courage et agis; ne

crains point, et ne t'effraie point. Car l'Éternel Dieu, mon Dieu, sera

avec toi; il ne te délaissera point, il ne t'abandonnera point, jusqu'à ce

que tout l'ouvrage pour le service de la maison de l'Éternel soit achevé.

Voici les classes des sacrificateurs et des Lévites pour tout le service de

la maison de Dieu; et voici près de toi, pour toute l'œuvre, tous les

hommes bien disposés et habiles dans toute espèce d'ouvrages, et les

chefs et tout le peuple dociles à tous tes ordres.[36]

Détails définis pour l'organisation du camp

L'organisation du camp (le naziréat et les offrandes des principes) se conformait aux détails prescrits par Dieu. Un coup d'œil sur les chapitres 6 et 7 du livre des nombres vous permettra de vous faire une idée de la quantité et de la qualité des détails exigés par Dieu. Les conditions du

---

[36] 1 Chroniques 28: 11- 21

sacrificateur, le type, le nombre d'animaux, les dates, les lieux et tous les autres accessoires nécessaires à l'organisation du camp sont définis avec précision. Les détails relatifs à l'organisation de cet événement sont fournis dans les passages bibliques ci-dessous.

Il consacrera de nouveau à l'Éternel les jours de son naziréat, et il offrira un agneau d'un an en sacrifice de culpabilité; les jours précédents ne seront point comptés, parce que son naziréat a été souillé.

Voici la loi du naziréen. Le jour où il aura accompli le temps de son naziréat, on le fera venir à l'entrée de la tente d'assignation.

Il présentera son offrande à l'Éternel: un agneau d'un an et sans défaut pour l'holocauste, une brebis d'un an et sans défaut pour le sacrifice d'expiation, et un bélier sans défaut pour le sacrifice d'actions de grâces;

une corbeille de pains sans levain, de gâteaux de fleur de farine pétris à l'huile, et de galettes sans levain arrosées d'huile, avec l'offrande et la libation ordinaires.

Le sacrificateur présentera ces choses devant l'Éternel, et il offrira sa victime expiatoire et son holocauste;

il offrira le bélier en sacrifice d'actions de grâces à l'Éternel, outre la corbeille de pains sans levain, avec l'offrande et la libation.

Le naziréen rasera, à l'entrée de la tente d'assignation, sa tête consacrée; il prendra les cheveux de sa tête consacrée, et il les mettra sur le feu qui est sous le sacrifice d'actions de grâces.

Le sacrificateur prendra l'épaule cuite du bélier, un gâteau sans levain de la corbeille, et une galette sans levain; et il les posera sur les mains du naziréen, après qu'il aura rasé sa tête consacrée.

Le sacrificateur les agitera de côté et d'autre devant l'Éternel: c'est une chose sainte, qui appartient au sacrificateur, avec la poitrine agitée et l'épaule offerte par élévation. Ensuite, le naziréen pourra boire du vin.

Telle est la loi pour celui qui fait voeu de naziréat; telle est son offrande à l'Éternel pour son naziréat, outre ce que lui permettront ses ressources. Il accomplira ce qui est ordonné pour le vœu qu'il a fait, selon la loi de son naziréat.[37]

Dans le chapitre 7 du livre des Nombres, il est donné quelques précisions pour les offrandes.

L'Éternel dit à Moïse: Les princes viendront un à un, et à des jours différents, présenter leur offrande pour la dédicace de l'autel.

Celui qui présenta son offrande le premier jour fut Nachschon, fils d'Amminadab, de la tribu de Juda.

---

[37] Nombres 6: 12- 21

45

Il offrit: un plat d'argent du poids de cent trente sicles, un bassin d'argent de soixante-dix sicles, selon le sicle du sanctuaire, tous deux pleins de fleur de farine pétrie à l'huile, pour l'offrande;

une coupe d'or de dix sicles, pleine de parfum;

un jeune taureau, un bélier, un agneau d'un an, pour l'holocauste;

un bouc, pour le sacrifice d'expiation;

et, pour le sacrifice d'actions de grâces, deux boeufs, cinq béliers, cinq boucs, cinq agneaux d'un an. Telle fut l'offrande de Nachschon, fils d'Amminadab.[38]

Détails des tâches divines confiées à Moïse

Dieu qui a demandé à Moïse de faire la tente d'assignation, l'arche du témoignage et le propitiatoire a spécifié tout. Le maitre d'ouvrage a choisi une personne avec précision, Betsaleel. Il lui a doté de talents spécifiques et a prévu les détails de ses réalisations (Exode 31: 1-5). Dieu a cité nommément Oholiab, fils d'Ahisamac, de la tribu de Dan comme assistant de Betsaleel. D'autres personnes en qui Dieu a mis spécifiquement de l'intelligence sont également désignées pour accomplir les tâches.

Dieu donne des détails sur les choses qu'il a ordonné de

---

[38] Nombres 7: 11 -17

faire.

Et voici, je lui ai donné pour aide Oholiab, fils d'Ahisamac, de la tribu de Dan. J'ai mis de l'intelligence dans l'esprit de tous ceux qui sont habiles, pour qu'ils fassent tout ce que je t'ai ordonné:

la tente d'assignation, l'arche du témoignage, le propitiatoire qui sera dessus, et tous les ustensiles de la tente; la table et ses ustensiles, le chandelier d'or pur et tous ses ustensiles, l'autel des parfums; l'autel des holocaustes et tous ses ustensiles, la cuve avec sa base; les vêtements d'office, les vêtements sacrés pour le sacrificateur Aaron, les vêtements de ses fils pour les fonctions du sacerdoce; l'huile d'onction, et le parfum odoriférant pour le sanctuaire. Ils se conformeront à tous les ordres que j'ai donnés.[39]

Détails indispensables à l'accomplissement des missions de Dieu

De nombreux autres serviteurs de Dieu ont pu réaliser avec succès les missions que Dieu leur a confié grâce au fait qu'ils considéraient les détails prescrits par le Créateur. Ces personnes auraient échoué si elles n'avaient pas suivi à la lettre les instructions précises de ce que Dieu leur demanda de faire. Les exigences de Dieu pour la construction de

---

[39] Exode 31: 6 -11

l'arche de Noé, pour la prise de Jéricho par Josué et pour la délivrance du peuple d'Israël par Gédéon, et restent vraies pour tous ceux qui sont appelés à faire quelque chose pour le Créateur.

Détails de la Construction de l'Arche de Noé

Dieu demanda à Noé de construire l'arche de sauvetage avec des détails précis. Le type de bois, les dimensions, le nombre d'éléments sont prescrits avec des précisions pointues.

Dieu a mis beaucoup d'accent sur les détails techniques de ce navire en fonction de son plan pour les gens appelés à se refugier dans cet espace durant le déluge.

Dieu a dit avec précision les types d'animaux qui doivent être pris dans cette arche. Tous les détails concernant leur nombre et sexe ont été donnés par le Dieu Créateur.

Lisez les passage bibliques ci - dessous pour vous rendre compte de l'exactitude des exigences de Dieu relativement à la construction de ce bâtiment.

Alors Dieu dit à Noé: La fin de toute chair est arrêtée par devers moi; car ils ont rempli la terre de violence; voici, je vais les détruire avec la terre. Fais-toi une arche de bois de gopher; tu disposeras cette arche en cellules, et tu l'enduiras de poix en dedans et en dehors. Voici comment tu la feras: l'arche aura trois cents coudées de longueur, cinquante coudées de largeur et trente coudées de hauteur. Tu feras à l'arche une fenêtre, que tu réduiras à une coudée en haut; tu établiras une porte sur le côté de l'arche; et tu construiras un étage inférieur, un second et un troisième. Et moi, je vais faire venir le déluge d'eaux sur la terre, pour détruire toute chair ayant souffle de vie sous le ciel; tout ce qui est sur la terre périra. Mais j'établis mon alliance avec toi; tu entreras dans l'arche, toi et tes fils, ta femme et les femmes de tes fils avec toi. De tout ce qui vit, de toute chair, tu feras entrer dans l'arche deux de chaque espèce, pour les conserver en vie avec toi: il y aura un mâle et une femelle. Des oiseaux selon leur espèce, du bétail selon son espèce, et de tous les reptiles de la terre selon leur espèce, deux de chaque espèce viendront vers toi, pour que tu leur conserves la vie. Et toi, prends de tous les aliments que l'on mange, et fais-en une provision auprès de toi, afin qu'ils te servent de nourriture ainsi qu'à eux. C'est ce que fit Noé: il exécuta tout ce que Dieu lui avait ordonné.[40]

Détails de la prise de Jéricho

La prise de Jéricho a été réalisée avec des instructions précises. L'Eternel dicta à Josué les instructions à suivre à la lettre pour que Jéricho soit livré entre ses mains. Josué ne

---

[40] Genèse 6: 13 - 22

parviendrait jamais à faire cet exploit avec son peuple s'il ne respectait pas les détails de l'Eternel.

Jéhovah dit précisément à Josué: *Faites le tour de la ville, vous tous les hommes de guerre, faites une fois le tour de la ville. Tu feras ainsi pendant six jours.*[41]

Josué demanda au peuple d'exécuter à la lettre ce que l'Eternel lui ordonna de faire.

Lorsque Josué eut parlé au peuple, les sept sacrificateurs qui portaient devant l'Éternel les sept trompettes retentissantes se mirent en marche et sonnèrent des trompettes. L'arche de l'alliance de l'Éternel allait derrière eux.

Les hommes armés marchaient devant les sacrificateurs qui sonnaient des trompettes, et l'arrière-garde suivait l'arche; pendant la marche, on sonnait des trompettes.

Josué avait donné cet ordre au peuple: Vous ne crierez point, vous ne ferez point entendre votre voix, et il ne sortira pas un mot de votre bouche jusqu'au jour où je vous dirai: Poussez des cris! Alors vous pousserez des cris.[42]

Quand un détail manque, aucune recette humaine ne pourra marcher correctement, encore plus pour les choses

---

[41] Josué 6:3
[42] Josué 6: 8 -10

spirituelles. Les instructions devraient être réalisées pendant sept jours. Après le sixième jour, le peuple devrait compléter le processus pour accéder enfin au résultat escompté.

Le septième jour, ils se levèrent de bon matin, dès l'aurore, et ils firent de la même manière sept fois le tour de la ville; ce fut le seul jour où ils firent sept fois le tour de la ville.

A la septième fois, comme les sacrificateurs sonnaient des trompettes, Josué dit au peuple: Poussez des cris, car l'Éternel vous a livré la ville! La ville sera dévouée à l'Éternel par interdit, elle et tout ce qui s'y trouve; mais on laissera la vie à Rahab la prostituée et à tous ceux qui seront avec elle dans la maison, parce qu'elle a caché les messagers que nous avions envoyés.[43]

La prise de Jéricho ne serait jamais possible sans le respect scrupuleux des détails des instructions de Dieu.

Détails de la victoire de Gédéon

Gédéon prit dix hommes parmi ses serviteurs, et fit ce que l'Éternel avait dit; mais, comme il craignait la maison de son père et les gens de la ville, il l'exécuta de nuit, et non de jour.[44]

---

[43] Josué 6: 15 -17
[44] Juges 6:27

Gédéon a suivi à la lettre les instructions de Dieu pour pouvoir réaliser sa mission. Dieu lui a explicitement dit de laisser tomber 22 000 hommes. Parmi les 10 000 hommes restants, il devait encore respecter l'ordre de Dieu qui consistait à les trier dans une eau. Gédéon fit descendre les 10 000 dans l'eau pour respecter les détails de Dieu.

L'instruction était telle que seuls ceux qui lapent l'eau en la portant à la bouche seront sélectionnés pour le combat. Ceux qui agissaient ainsi étaient au nombre de 300. Seuls 300 sur 10000 hommes remplissaient les conditions exigées par Dieu. Gédéon a dû laisser tomber les 9700 hommes qui se mettaient à genoux pour boire de l'eau. L'envoyé de Dieu a mené le combat avec ceux qui répondaient aux détails spécifiques de Dieu.[45]

En conclusion, vous vous rendez compte maintenant à quel point Dieu exige des détails de tous Ses serviteurs qui lui offrent tabernacles, autels, offrandes, temples. L'Eternel est aussi très exigeant pour tout ce qu'il demande pour Son peuple. Les serviteurs qui savent que Dieu ne lésine pas sur

---

[45] Juges 7: 2 - 7

les détails font tout ce qui est nécessaire pour que leurs œuvres lui soient agréables. Une lecture des chapitres 1 à 7 du deuxième livre des Chroniques permettra de comprendre comment le roi Salomon s'est arrangé pour offrir des choses agréables à Dieu. Dieu qui fait tout avec des détails précis n'est pas confortable quand les détails manquent. Dieu s'allie aux détails pour garantir la perfection de toutes Ses entreprises et satisfaire Ses attentes.

Dieu se trouve à tout moment dans les détails dont nous prenons soin ou que nous négligeons. Dieu est détails dans son Essence. Ce sont les détails de la création qui plaisent à Dieu. L'Eternel est dans les détails de la création, du tabernacle, du sacrifice, des offrandes. Jéhovah est dans les détails de la vie de chacun des êtres humains.

Dieu agit toujours dans les détails, c'est Son champs d'opération et Son mode opératoire.

3
DETAILS DE LA CREATION

Du verbe de Dieu est issu l'atome de l'univers d'où sont sortis tous les êtres.[46]

La création, œuvre de Dieu, est faite de détails. Les détails des créatures de Dieu sont sous nos yeux et nous portent à conclure que des précisions étaient nécessaires dans le processus de conception. L'homme est une structure complexe qui reste perplexe devant les nombreux détails des éléments constituant l'univers. Ce sont ces mêmes détails qui donnent un sens aux choses aux yeux des hommes. Toutes les variétés d'oiseaux, fleurs, arbres, feuilles, pierres et de plantes existent grâce aux détails qui

---

[46] G. Calame-Griaule et B. Calame

les différencient l'une de l'autre.

Qui a mesuré les eaux dans le creux de sa main, pris les dimensions des cieux avec la paume, Et ramassé la poussière de la terre dans un tiers de mesure? Qui a pesé les montagnes au crochet, Et les collines à la balance?

Qui a sondé l'esprit de l'Éternel, Et qui l'a éclairé de ses conseils? Avec qui a-t-il délibéré pour en recevoir de l'instruction? Qui lui a appris le sentier de la justice? Qui lui a enseigné la sagesse, Et fait connaître le chemin de l'intelligence?

Voici, les nations sont comme une goutte d'un seau, Elles sont comme de la poussière sur une balance; Voici, les îles sont comme une fine poussière qui s'envole.[47]

Dieu qui est un Dieu profondément attaché aux détails créa l'univers et tout ce qui s'y trouve avec des détails précis et un niveau d'ordre prononcé. L'univers est composé d'une myriade de détails qui ne sont pas superflus, mais qui ont des rôles précis dans le maintien de l'écosystème des planètes. La position et la disposition des éléments de l'univers suggère que des détails précis ont été pris en compte dans la conception.

---

[47] Ésaïe 40: 12- 15

L'astrophysicien, **Trinh Xuan Thuan,** a expliqué en ses propres termes que l'univers est fait de détails précis par un Dieu Créateur.

L'univers a été réglé avec une précision infinie pour que la vie apparaisse. ... On s'est aperçu que les constantes physiques ont été réglées d'une façon extrêmement précise pour que la vie apparaisse. ... Sur la probabilité que la vie apparaisse. La densité de l'univers par exemple, doit être réglée à une précision de 10 puissance moins 60, donc qui est égale à la précision qu'un archer doit exercer s'il voulait planter une flèche dans une cible de 1 cm carré, mais qui serait placé au bord de l'univers à 14 milliards d'années. Une précision extrême. D'où la question, est-ce qu'il y a un principe créateur, quelque chose qui règle les choses dès le début, ou, c'est le pur hasard ? Mais le pur hasard quand il y a une probabilité si faible pour que cela aboutisse il faut faire l'hypothèse qu'il y a une infinité d'univers. ... Donc, j'appelle ça mon pari pascalien, et bien sûr je pense qu'il y a un principe créateur qui a réglé tout cela dès le début, et je pense qu'il y a un univers unique, c'est mon intuition. ... C'est difficile de croire quand je vois toute cette beauté, cette harmonie, cette organisation, de croire que tout est hasard, que rien n'a de sens, que nous sommes là par hasard, que toute cette architecture cosmique est faite par hasard.[48]

---

[48] L'univers, "une création de Dieu" selon l'astrophysicien Trinh Xuan Tuan
http://christroi.over-blog.com/article-33325709.html

Relisez le récit des détails de la création dans le livre de Genèse (Genèse 1 et 2) pour mieux comprendre le niveau de précision et les spécifications propres à chaque être et chose créés.

Le premier jour, Dieu créa les cieux et la terre. Le créateur appela la lumière. Dieu sépara la lumière d'avec les ténèbres. Il appela la lumière le jour, et les ténèbres la nuit. Il sépara également les eaux par une étendue.

Le deuxième jour, Dieu créa l'espace en séparant le ciel des eaux. Il créa également la verdure et l'herbe qui donneront des fruits selon sa volonté.

Le troisième jour, Dieu créa la terre sèche en rassemblant dans un seul endroit toutes les eaux. Il appela la verdure, l'herbe portant des semences et des arbres fruitiers selon leurs espèces. Par la volonté de Dieu, la verdure, l'herbe et les arbres fruitiers donnent des fruits.

Le quatrième jour, Dieu créa le soleil, la lune, les étoiles et d'autres planètes.

Le cinquième jour, Dieu créa les poissons et les animaux marins, et des oiseaux qui doivent voler depuis la terre jusqu'à l'étendue du ciel.

Le sixième jour, Dieu créa du bétail, des reptiles et des animaux destinés à vivre sur la terre.

Il créa en ce jour là, l'homme d'une manière spécifique. Il créa l'homme à son image et à sa ressemblance.

Il précisa avec des détails les missions de l'homme et le fonctionnement de sa vie. Il créa la femme à partir de l'homme fraichement créé.

Puis Dieu dit: Faisons l'homme à notre image, selon notre ressemblance, et qu'il domine sur les poissons de la mer, sur les oiseaux du ciel, sur le bétail, sur toute la terre, et sur tous les reptiles qui rampent sur la terre. Dieu créa l'homme à son image, il le créa à l'image de Dieu, il créa l'homme et la femme. Dieu les bénit, et Dieu leur dit: Soyez féconds, multipliez, remplissez la terre, et l'assujettissez; et dominez sur les poissons de la mer, sur les oiseaux du ciel, et sur tout animal qui se meut sur la terre. Et Dieu dit: Voici, je vous donne toute herbe portant de la semence et qui est à la surface de toute la terre, et tout arbre ayant en lui du fruit d'arbre et portant de la semence: ce sera votre nourriture.[49]

---

[49] Genèse 1: 26 - 29

Détails de l'homme créé par Dieu

La reproduction de la vie humaine commence par un détail biologique, la fécondation de deux cellules à l'échelle micro. La vie humaine finit par seconde, un détail temporel minuscule.

Tous les aspects de la vie de l'homme sont soumis à la loi des détails. La vie biologique, émotionnelle, sentimentale, spirituelle de l'être humain dépend des détails précis. La vie de chaque être humain réunit des détails spécifiques pour chacun de ses aspects. Comme Dieu et l'univers sont pleins de détails, il est logique de penser que l'homme créé pour vivre dans cet espace est fait de détails. C'est pourquoi, un détail quelconque peut faire la joie ou la tristesse d'un être humain. Un ensemble de détails précis composent le corps humain pour une vie excellente. Un élément supplémentaire dans le corps occasionne beaucoup d'ennuis. Une pierre aux reins, appelée scientifiquement, calculs rénaux, est un détail non désiré qui fait souffrir.

L'émotion de chaque être humain est sujet à ses propres détails. La vie sentimentale de chaque homme est guidée par ses propres détails. La vie spirituelle de l'homme obéit à des détails spirituels.

Quelques détails biologiques du corps humain

Le corps humain est fait d'un ensemble de détails. Dieu a conçu le corps humain avec des détails qui ne sont ni facultatifs, ni optionnels. Certainement, toutes les petites parties du corps humain ont leur raison d'être et jouent leurs rôles au moment opportun. Combien de cellules dans le corps humain? Combien de globules dans le corps humain?

Avant que je t'eusse formé dans le ventre de ta mère, je te connaissais, et avant que tu fusses sorti de son sein, je t'avais consacré, je t'avais établi prophète des nations.[50]

La seule différence que je connaisse entre la mort et la vie, c'est qu'à présent vous vivez en masse, et que dissous, épars en molécules, dans vingt ans d'ici vous vivrez en détail.[51]

C'est un détail biologique qui permet la reproduction de l'espèce humaine.

Le corps humain d'un adulte héberge en moyenne 100000 milliards de cellules (10 puissance 14). Chaque seconde, 2000 cellules meurent naturellement, soit 50 à 70 milliards par jour. Elles se renouvellent périodiquement suivant leurs

---

[50] Jérémie 1:5
[51] Diderot Epistolier

nécessités pour le corps humain.

Quelle est la taille d'une cellule? Une cellule mesure en moyenne une dizaine de micromètres, soit 0.00001 mètre. C'est vraiment insaisissable pour l'homme. Le poids d'une cellule quoique infiniment petit a une certaine valeur susceptible d'être considérée.

Il existe en moyenne dans l'organisme humain entre 4000 et 10 000 globules blancs par millimètre cube. Un volume d'un millimètre cube devrait vous faire penser à quelque chose d'infiniment petit. Ces globules blancs luttent contre les bactéries et les virus.

Il faut en moyenne 5 millions de globules rouges pour un volume d'un millimètre cube. Leurs rôles consistent à transporter l'oxygène entre les poumons et les organes. Quand le nombre baisse, il y a risque d'anémie.

Le squelette d'un adulte a 206 os, et chacun d'eux est utile à quelque chose. Il n'existe pas un os qui ne soit pas conçu pour une raison bien spécifique. Le cerveau humain est composé de 100 milliards de neurones qui établissent 10 000 connexions avec d'autres neurones.

Tous les détails du corps humain sont nécessaires, c'est - à - dire, qu'ils ont des fonctions spécifiques. L'homme ne bénéficie pas du même équilibre quand il perd un orteil. Le cérumen fabriqué par l'oreille est utile au corps tout entier, il a une fonction nettoyante et protectrice. Il existe une relation d'interdépendance entre les différents détails du corps de l'homme., Le cerveau décide de la direction, Les yeux cherchent le chemin et les pieds marchent. Le rythme cardiaque de l'homme qui varie d'une tranche d'âge à une autre et de l'état de repos au mouvement est un indicateur important dans la détermination de l'état de santé.

Beaucoup de gens ne voient pas l'utilité des poils du nez et de l'œil. Ces poils considérés comme des détails jouent un rôle important dans la protection de l'homme. Ceux du nez sont des filtres qui bloquent une quantité énorme de poussière qui pourrait être nocive pour le corps humain. Sans ces poils du nez, l'homme serait plus vulnérable face à la poussière. Les poils du cil sont également des filtres qui filtrent la poussière qui devrait atteindre les yeux. Tous les poils du corps, où qu'ils se trouvent, ont leur rôle à jouer. L'homme n'est pas seulement composé de détails biologiques ou physiques, mais d'autres particularités d'ordre moral et social font partie intégrante de sa vie.

Quand les détails de la vie d'un homme ne sont pas satisfaits ou pris en compte dans un contexte donné, il sent qu'il est rejeté et a l'impression d'être incompris.

Il existe une différence claire entre les trois types de vie: vie végétale, vie animale et la vie humaine.

Les arbres et les plantes qui forment le règne végétal naissent, se nourrissent, croissent, se reproduisent et meurent, mais ils ne peuvent pas se mouvoir, n'ont pas non plus d'intelligence. Un arbre n'a pas la capacité de se déplacer tout seul. Une plante ne peut pas décider de son emplacement physique.

La vie animale est plus évoluée que celle des végétaux. En effet, les animaux naissent, se nourrissent, grandissent, se reproduisent et meurent comme les plantes. Cependant, ils sont dotés du mouvement et d'une intelligence limitée. Les oiseaux peuvent voler, les animaux terrestres peuvent se mouvoir. Les animaux sont munis de la capacité de communiquer entre eux par des sons qu'ils peuvent interpréter.

Le règne humain est doté de capacités spécifiques. En plus de pouvoir faire tout ce que font les animaux, les hommes sont munis d'une intelligence supérieure à la leur.

L'homme est créé d'une manière très différente des animaux et des plantes. Dieu souffla dans une masse inerte pour lui conférer le statut humain. Par cet acte, Dieu partagea Son essence avec l'homme. Pour les règnes végétal et animal, Dieu a simplement appelé les plantes et les animaux à l'existence.

Détails de fonctionnement du corps humain

Le fonctionnement du corps de l'homme est très compliqué et complexe. La médecine cherche au fur et à mesure à s'approprier les mécanismes de fonctionnement de cette machine humaine. Chaque jour, la science médicale fait des avancées grâce à de nouvelles informations obtenues et maitrisées sur la vie physique de l'être humain.

Et même les cheveux de votre tête sont tous comptés.[52]

La vie quotidienne de l'homme est faite de nombreux détails. Le fonctionnement de la machine humaine repose sur des exigences. Ce sont les interactions synchronisées entre les différents organes qui garantissent la bonne marche du corps humain. Son cœur bat à un rythme donné. Des cheveux poussent et tombent. L'homme doit vivre un certain nombre de secondes sur la terre. Nous ne

---

[52] Matthieu 10: 30

vivons pas tous la même durée sur la terre à la seconde près. A chaque seconde, le nombre de cellules de son corps varie. L'homme a un poids et consomme des quantités d'énergies de toutes sortes pour son bon fonctionnement. Un adulte respire en moyenne, au repos, 0.5 litre d'air par inspiration; ce qui porte sa consommation à environ 800 litres d'air par jour. Une quantité de sang est pompée par le cœur à des rythmes précis. Quand un détail manque, tout le corps peut être affecté, et certaines fois paralysé pendant un certain temps.

Détails des dons et talents reçus de Dieu

Et il a donné les uns comme apôtres, les autres comme prophètes, les autres comme évangélistes, les autres comme pasteurs et docteurs, pour le perfectionnement des saints en vue de l'œuvre du ministère et de l'édification du corps de Christ.[53]

Dieu sait que la croissance spirituelle a besoin d'un ensemble d'éléments nutritifs, donc des détails spirituels, Il a prévu:

✓ des apôtres, ce sont des personnes chargées de propager la doctrine de l'Evangile

---

[53] Ephésiens 4: 11 - 12

- ✓ des prophètes, ce sont des gens que Dieu a choisis pour transmettre et expliquer Sa volonté à Son Peuple

- ✓ des évangélistes, ce sont des missionnaires qui ont la responsabilité de prêcher l'Evangile

- ✓ des pasteurs pour paître les brebis, ce sont des bergers dont les tâches consistent à fournir quotidiennement la nourriture spirituelle aux Chrétiens.

- ✓ et des docteurs, ce sont des gens qui reçoivent une capacité spécifique pour enseigner la parole

Une simple analyse permet de constater que toutes ces fonctions sont essentielles à une vie spirituelle réussie. Elles ne sont pas facultatives, l'absence de l'un de ces éléments dans la vie d'un chrétien affecte négativement son équilibre spirituel.

Pour ce qui est des talents que Dieu attribue aux hommes, le dispensateur de toutes bonnes grâces a précisé les capacités et les tâches qu'ils peuvent réaliser. Regardons le cas de Betsaleel:

Sache que j'ai choisi Betsaleel, fils d'Uri, fils de Hur, de la tribu de Juda. Je l'ai rempli de l'Esprit de Dieu, de sagesse, d'intelligence, et de savoir pour toutes sortes d'ouvrages, je l'ai rendu capable de faire des inventions, de travailler l'or, l'argent et l'airain, de graver les pierres à enchâsser, de travailler le bois, et d'exécuter toutes sortes d'ouvrages.[54]

Qu'a reçu précisément Betsaleel? Il est rempli de l'Esprit de Dieu, de sagesse, d'intelligence et de savoir. Que peut faire Betsaleel avec ces talents? Dieu a prévu et indiqué spécifiquement ce que le talentueux Betsaleel doit faire. Il peut faire des inventions, travailler l'or, l'argent et l'airain, graver les pierres à enchâsser, etc.

Détails des animaux créés par Dieu

Dieu a doté chacune des espèces animales de caractéristiques spécifiques. Les détails de l'aigle diffèrent de ceux du lion. De même que les traits caractéristiques d'une fourmi sont différents de ceux d'une mouche. Les animaux qui se ressemblent le plus n'ont pas les mêmes traits caractéristiques, ils ont chacun leurs détails spécifiques. Les lapins sont munis d'autres traits que les chats, même s'ils ont une ressemblance perceptible. Certains animaux reçoivent de Dieu la capacité de vivre sur la terre, d'autres sont conçus pour vivre dans l'eau. Une autre catégorie d'animaux peut vivre dans l'espace. Tout

---

[54] Exode 31: 2-5

ceci est possible grâce aux détails spécifiques que chacune des catégories possède.

Quelques détails d'un aigle

Cet oiseau n'est pas comme les autres espèces du règne animal.

- ✓ L'aigle a une vision. Les aigles ont une capacité d'observation extraordinaire, ils peuvent concentrer leurs vues sur une longue distance avec clarté. Ils peuvent également repérer un autre aigle qui plane à une distance de 80 Kilomètres.

- ✓ L'aigle n'a pas peur. La taille ou la force de sa proie ne l'effraie pas. Il est toujours prêt à livrer une bataille pour attraper sa proie ou pour récupérer son territoire.

- ✓ L'aigle est tenace. Pendant les tempêtes, l'aigle étend ses ailes puissantes et profite du courant pour atteindre des hauteurs supérieures.

- ✓ L'aigle vole haut. Seul l'aigle parmi tous les oiseaux peut atteindre une altitude 10 000 pieds.

✓ L'aigle ne mange pas d'animal mort. Il ne consomme que l'animal qu'il a lui - même tué. Les aigles mangent de la viande crue et fraiche.

✓ L'aigle se renouvelle. Après sa première vie de 30 ans, l'aigle s'affaiblit. Pour se ranimer, l'aigle se cache sur une montagne pendant environ 5 mois afin de se métamorphoser. Cette métamorphose peut lui garantir une autre vie qui varie de 30 à 40 ans.

✓ L'aigle enseigne à ses petits les techniques du vol. Les aigles sont réputés féroces, mais ils se montrent responsables vis - à - vis de leurs progénitures. A un moment donné, la mère consacre du temps pour apprendre à ses petits à voler dans l'espace. Cet apprentissage continue jusqu'à ce que les petits maitrisent l'art du vol.[55]

Quelques détails d'un tigre

✓ Les canines du tigre sont plus longues et peuvent mesurer jusqu'à neuf centimètres[56]

✓ Le tigre est le plus grand et le plus puissant de tous les félins

[55] http://www.nairaland.com/1145749/7-characteristics-eagle-why-lessons
[56] https://fr.wikipedia.org/wiki/Tigre

✓ Le tigre est un animal solitaire, il cherche à vivre sur son territoire de 50 Km^2 et possède plusieurs tanières

✓ Le tigre a besoin de 10 Kg de viande comme ration alimentaire quotidienne, mais il peut en consommer 50 Kg.

✓ Le tigre peut miauler, feuler ou râler[57]

Aucun autre animal ne possède les mêmes caractéristiques que le tigre.

Quelques détails caractéristiques d'une fourmi

La fourmi est un insecte comme tous les autres, mais elle possède des particularités inimaginables. Dieu a doté ce minuscule insecte de nombreux détails extraordinaires.

✓ Certaines fourmis peuvent vivre plus de 20 ans

✓ Environ 4.5 millions de fourmis pour égaler le poids moyen d'un homme

✓ Les fourmis peuvent servir de point de suture

✓ Quelle que soit la hauteur, une fourmi ne peut pas se tuer, ni se blesser en chute libre

---

[57] http://animaux.org/tigre.htm

✓ Les fourmis peuvent former des méga - colonies. A ce jour, la plus grande méga - colonie de fourmis connue s'étend sur 6.000 Kilomètres

✓ Les fourmis possèdent deux estomacs. Le premier est utilisée pour la digestion de la nourriture qu'elle ingurgite. Le second est appelé le jabot social ou estomac social, et consiste à stocker la majeure partie de la nourriture pour ensuite la régurgiter lorsqu'une autre fourmi en a besoin.[58]

Quelques détails caractéristiques d'un poisson

✓ Le poisson peut vivre exclusivement dans l'eau

✓ Il n' y a que les animaux marins qui puissent posséder des nageoires

✓ Les poissons d'eau douce disposent d'autres caractéristiques physiologiques pour qu'ils puissent vivre dans cet environnement

✓ Certaines poissons prennent naissance dans l'eau douce et vivent par la suite dans l'eau de mer alors

---

[58] http://www.maxisciences.com/fourmi/20-choses-que-vous-ne-savez-probablement-pas-sur-les-fourmis_art33194.html

que d'autres viennent vivre dans l'eau douce après avoir pris naissance dans la mer.

Détails des choses créées par Dieu

L'environnement et le règne animal regorgent de créatures de Dieu qui se démarquent l'une de l'autre par leurs caractéristiques. Tous les fruits n'ont pas la même fiche technique. Tous les arbres ne possèdent pas les mêmes caractéristiques. La rivière et le fleuve se différencient de l'océan.

Un grain de poivre et un clou girofle sont de minuscules choses créées par Dieu. Ces deux condiments, quoique petits, ont des rôles importants à jouer dans un repas. Ces deux épices ont des apports nutritifs et sanitaires considérables lorsqu'ils sont dans le plat d'une personne. Un grain de poivre et un clou de girofle pèsent beaucoup dans le bilan sanitaire d'une personne.

Quelques détails de la mer

- ✓ La mer occupe près de 71% de la surface de la terre
- ✓ La mer a une plus grande profondeur que tous les fleuves et rivières, soit plus de 11 Km
- ✓ Plus de 97 % des eaux de la planète sont dans la mer

✓ Les poissons fournissent le plus grand pourcentage de protéine consommé par les humains

✓ Plus de 90% du commerce entre les pays se transporte par les navires et environ 50% des communications entre les nations sont transportées par des câbles sous- marins.

Quelques détails d'un manguier

Les caractéristiques d'un manguier ne sont pas celles d'un avocatier. Les propriétés d'un bananier sont très différentes de celles d'un pommier.

✓ Il se distingue par ses grandes feuilles persistantes de 30 cm d'un vert brillant.

✓ Très productif quand il est âgé d'une vingtaine d'années, le manguier peut vivre plus de 100 ans.[59]

✓ A partir de la sixième année, le manguier produit des fruits qui murissent pendant la saison humide[60]

---

[59] http://www.deco.fr/jardin-jardinage/arbre-a-fruits/manguier/
[60] http://persocite.francite.com/dbond/site/caracteristique.html

Quelques détails d'une Pomme

La pomme est un fruit qui possède les particularités suivantes. Les propriétés d'une pomme ne sont pas celles d'une orange ou d'une poire.

Une pomme par jour éloigne le médecin, dit - on souvent, grâce à ses propriétés nutritives exceptionnelles.

Ce dicton trouve sa justification dans les multiples vitamines qu'offre exclusivement ce fruit.

- ✓ La pomme est un coupe - faim par excellence

- ✓ La pomme est surnommée la centrale nutritive en raison de ses multiples bénéfices pour la santé de l'homme.

- ✓ En 2013, des chercheurs de l'Université d'Oxford ont découvert que la consommation d'une pomme par jour peut empêcher un certain nombre de décès par maladie cardiovasculaire.

Comment Dieu s'implique - t- Il dans vos détails de chaque jour?

L'Éternel dit: J'ai vu la souffrance de mon peuple qui est en Égypte, et j'ai entendu les cris que lui font pousser ses oppresseurs, car je connais ses douleurs.[61]

J'ai vu la souffrance de mon peuple qui est en Égypte, j'ai entendu ses gémissements, et je suis descendu pour le délivrer. Maintenant, va, je t'enverrai en Égypte.[62]

Dieu, le créateur et pourvoyeur de tout, contrôle tout. Aucun détail des 7.35 milliards d'habitants de la terre ne lui échappe. Il décide de la naissance et de la mort de tout ce qui vit dans l'univers. Le souffle de vie qui nous maintient en vie constamment est un détail que Dieu gère pour chaque habitant selon Son plan. Il programme la coupure de ce souffle comme bon Lui semble. De son trône, Il maintient le souffle de vie de tous les humains, de la même manière qu'un satellite de télécommunications placé en orbite envoie des signaux pour alimenter un récepteur radioélectrique terrestre. Dieu connait le nombre de cheveux et des battements de cœur de chacun des habitants de la terre. Il sait quand un cheveu tombe ou pousse. Les statistiques avancent que la tête d'un homme possède en moyenne entre 75 000 et 150 000 cheveux. Le créateur sait combien de cheveux possède chacun de nous. Il connait le nombre de globules blancs ou rouges que

---

[61] Exode 3: 7
[62] Actes 7: 34

chacun de nous a dans le sang.

Comme le concepteur d'un système

Le concepteur d'un système quelconque, qu'il soit mécanique, électrique, électronique dispose de tous les détails de sa conception et de son fonctionnement. Il sait ce qu'il faut faire pour satisfaire aux exigences de son appareil. Il sait également ce qui peut bloquer son fonctionnement. Quand son système tombe en panne, le concepteur est la personne la plus apte au monde à effectuer un diagnostic complet en vue de le remettre en marche.

Il en est de même pour l'homme conçu et créé par Dieu. Tous les détails de la conception sont entre les mains de Dieu. Jéhovah est le seul à détenir tous les mécanismes de fonctionnement de l'homme. Certainement, Dieu contrôle tous les détails relatifs à la vie physique, émotionnelle, sentimentale de l'homme en général et de chacun des êtres humains.

Dieu contrôle chaque respiration de tous les humains.

Il tient dans sa main l'âme de tout ce qui vit, le souffle de toute chair d'homme.[63]

Dieu sait quand nous bougeons, dormons, respirons,

---

[63] Job 12:10

pensons, parlons, agissons, transpirons. Il nous observe quand nous rions, pleurons. Dieu nous voit quand nous nous faisons du souci ou nous nous réjouissons.

Les détails du quotidien d'une personne

Le quotidien de toute personne est fait de pensées, de paroles et d'actions. Tous les hommes ne se livrent qu'à ces tâches au cours de la journée.

Je le sais, ô Éternel! La voie de l'homme n'est pas en son pouvoir; ce n'est pas à l'homme, quand il marche, à diriger ses pas.[64]

De quoi est fait le quotidien d'une personne?

Il n'appartient pas à l'homme qui marche de diriger ses pas, nous dit la Bible. C'est la preuve irréfutable du contrôle de Dieu sur les actions de chacun de nous.

Du lever du soleil jusqu'à son coucher, le fonctionnement de tout homme repose sur ses pensées, ses paroles et ses actions.

L'homme pense, fait des réflexions sur ses obligations et ses projets. Son environnement le pousse également à penser tout au cours de la journée.

L'homme parle, extériorise ses pensées pour différentes

---

[64] Jérémie 10:23

raisons. Les paroles des autres et son environnement peuvent le motiver davantage à s'exprimer.

L'homme agit tout au long de la journée. Ses actions sont pour la plupart du temps destinées à assurer sa survie ou réaliser ses projets. Pendant la journée, l'être humain réagit à certaines choses telles que les paroles, les actions et besoins des autres.

En effet, les pas d'un homme sont dirigés par ses pensées et ses paroles qui sont elles -mêmes contrôlées par Dieu. Regardons les textes bibliques qui prouvent que Dieu connait les pensées, les paroles et les actions de l'homme.

Dieu connait toutes les pensées de l'homme. Les versets ci - dessous sont les preuves irréfutables. Pas un iota d'une pensée de l'homme n'échappe à Dieu. Dieu connait vos bonnes et mauvaises pensées. Si vous péchez dans vos pensées, le Créateur de l'univers le sait instantanément.

Tu sais quand je m'assieds et quand je me lève, Tu pénètres de loin ma pensée; Tu sais quand je marche et quand je me couche, Et tu pénètres toutes mes voies.[65]

L'Éternel connaît les pensées de l'homme, Il sait qu'elles sont vaines.[66]

Jésus leur dit: Vous, vous cherchez à paraître justes devant les

---

[65] Psaume 139: 2 - 3
[66] Psaume 94:11

hommes, mais Dieu connaît vos cœurs; car ce qui est élevé parmi les hommes est une abomination devant Dieu.[67]

Dieu connait également toutes les paroles de l'homme de son réveil jusqu'à son coucher. Que l'homme parle de sa propre initiative, qu'il réagisse aux paroles des autres, Dieu le sait. Certaines fois, c'est Dieu qui met les paroles sur les lèvres de ceux qui parlent.

Car la parole n'est pas sur ma langue, Que déjà, ô Éternel! tu la connais entièrement.[68]

L'Esprit de l'Eternel parle par moi, et sa parole est sur ma langue.[69]

Je serai avec ta bouche, et je t'enseignerai ce que tu auras à dire.[70]

Mais, quand on vous livrera, ne vous inquiétez ni de la manière dont vous parlerez ni de ce que vous direz: ce que vous aurez à dire vous sera donné à l'heure même.[71]

Dieu connait toutes les actions de l'homme. Dieu qui donne à l'homme la capacité de se mouvoir regarde de Son trône toutes les actions de l'homme. L'homme agit, entreprend et réagit de multiples façons au cours de la journée. Toutes les actions et initiatives humaines sont

---

[67] Luc 16:15

[68] Psaume 139: 4

[69] 2 Samuel 23:2

[70] Exode 4: 12

[71] Matthieu 10:19

observées par le Créateur de l'univers.

Dieu note même un verre d'eau que nous offrons à nos semblables. Qui aurait pensé que Celui qui a crée la mer, les fleuves, les rivières et les sources tiendrait compte d'un verre d'eau offert ou d'une goutte de pluie?

Moi, l'Éternel, j'éprouve le cœur, je sonde les reins, pour rendre à chacun selon ses voies, Selon le fruit de ses œuvres.[72]

Dieu n'a-t-il pas connu mes voies? N'a-t-il pas compté tous mes pas?[73]

Où irais-je loin de ton esprit, Et où fuirais-je loin de ta face? Si je monte aux cieux, tu y es; Si je me couche au séjour des morts, t'y voilà. Si je prends les ailes de l'aurore, Et que j'aille habiter à l'extrémité de la mer, Là aussi ta main me conduira, et ta droite me saisira.[74]

Il rend à l'homme selon ses œuvres, Il rétribue chacun selon ses voies.[75]

Combien de milliers de pas qu'un homme faits par jour? En moyenne, un homme fait des milliers de pas par jour. Tous ses pas sont notés par Dieu. Quelle merveille! Dieu dirige les pas de chacun des êtres humains.

---

[72] Jérémie 17:10
[73] Job 31:4
[74] Psaume 139: 7-10
[75] Job 34:11

Si avant notre naissance et pendant notre développement, Dieu était maitre de notre destinée, comment pourrait - Il ne pas avoir le contrôle de notre vie à chaque instant.

Quand je n'étais qu'une masse informe, tes yeux me voyaient; et sur ton livre étaient tous inscrits les jours qui m'étaient destinés, avant qu'aucun d'eux existât.[76]

Une personne cligne des yeux en moyenne 12 fois par minute. Pendant une journée, il fait environ 10 000 clignements. Tout est sous contrôle de Dieu.

L'Éternel te gardera de tout mal, Il gardera ton âme; L'Éternel gardera ton départ et ton arrivée, Dès maintenant et à jamais.[77]

Dieu gère les détails temporels et spatiaux de chacun de nous à chaque instant. Chacune des secondes de notre vie est observée par le Créateur. Chaque mouvement ou déplacement du corps, qu'il soit d'un millimètre ou des kilomètres, est vu de Dieu. De la même manière que Dieu a vu les souffrances et entendu les gémissements du peuple d'Israël, Il entend vos soupirs.

Actuellement, les institutions installent des caméras pour enregistrer toutes les activités de leurs employés pendant une période donnée. Les hommes conçoivent et mettent en

[76] Psaume 139: 16
[77] Psaume 121: 7 - 8

place des systèmes de poursuite qui peuvent suivre de manière continue un engin spatial. Les techniques développées par l'homme permettent de suivre un avion du décollage à l'atterrissage. Chaque seconde du vol peut être observée et enregistrée à une fin donnée. Comment imaginer que notre vie sous toutes ses facettes peut s'échapper au contrôle du Dieu créateur? L'homme maitrise ce qu'il conçoit au détail près, il est encore plus vrai du Dieu qui a créé l'homme.

Saviez - vous que Dieu connait le nom de chacun des habitants de la terre? Dieu vous connait par votre nom et vous appellera au moment opportun par votre nom.

L'Éternel dit à Moïse: Je ferai ce que tu me demandes, car tu as trouvé grâce à mes yeux, et je te connais par ton nom.[78]

Citer favorablement le nom d'une personne traduit l'amour et l'intérêt que l'on lui témoigne.

Lorsqu'un patron appelle un de ses employés par son nom, il suscite chez lui un sentiment d'attention et de fierté. Le Créateur de l'univers peut vous appeler par votre nom si vous obéissez à ses instructions. Quelle gloire de savoir que Dieu connait votre nom!

---

[78] Exode 33:17

L'Éternel vit qu'il se détournait pour voir; et Dieu l'appela du milieu du buisson, et dit: Moïse! Moïse! Et il répondit: Me voici![79]

Voici, je t'ai gravée sur mes mains; Tes murs sont toujours devant mes yeux.[80]

Les noms des 7.35 milliards d'habitants de la planète terre sont gravés sur les mains de Dieu. Le Bon Berger peut identifier chacun de ses brebis.

Même nos cheveux retiennent l'attention de Dieu. Il nous a donné des cheveux et contrôle leur croissance, et même leur remplacement.

Mais il ne se perdra pas un cheveu de votre tête.[81]

Cette parole de Jésus montre à quel point Il veille sur la vie des Siens.

Si ses jours sont fixés, si tu as compté ses mois, Si tu en as marqué le terme qu'il ne saurait franchir.[82]

L'apôtre Paul confirme encore que Dieu gère tous les détails de ceux qui lui appartiennent. Autrement dit, toutes les initiatives et actions sont destinées à faire du bien à ceux que Dieu a appelés.

Nous savons, du reste, que toutes choses concourent au bien de ceux

---

[79] Exode 3:4
[80] Ésaïe 49: 16
[81] Luc 21:18
[82] Job 14: 5

qui aiment Dieu, de ceux qui sont appelés selon son dessein.[83]

Les moindres détails de la vie de Joseph, de David, d'Esther, d'Anne et de Job ont été sous le contrôle de Dieu. Ces passages bibliques: Psaume 23:1, Psaume 147:9, Matthieu 6:30-32, Luc 12:28-30, Matthieu 10: 29 -30, Ésaïe 49: 14 -16 et Psaume 121:3 prouvent aussi que Dieu fait tout pour satisfaire tous nos détails quotidiens.

Dieu est un Bon Berger qui veille sur chacun de ses brebis à tout instant. Seul Dieu peut comprendre et satisfaire tous les besoins et attentes de l'homme qu'il a créé.

---

[83] Romains 8:28

4
ENJEUX SPIRITUELS DES DETAILS

Dieu considère - t-Il les détails seulement pour la vie terrestre de l'homme?

Les détails ont -ils une quelconque conséquence spirituelle?

Peut - on gagner ou perdre des choses par la façon dont les détails sont traités? Les détails peuvent - ils hypothéquer la vie spirituelle d'un homme?

Enjeux spirituels des détails

Le défi pour toute l'humanité est de changer la perception vis - à - vis des détails. Nous ne pouvons pas continuer à ignorer ce qui est fondamental dans notre vie. Les détails sont les bases sur lesquelles notre vie repose; ils sont ce qui modèle notre vie et définit nos attentes.

Les détails ont une signification et une vocation spirituelles, ils représentent l'investissement initial de l'esprit dans ce qui est appelé à devenir grand et immense par la suite. Les détails annoncent ce que seront les choses lorsque tous les éléments auront été réunis. Les détails rappellent en effet tout ce qui est à la base de tout. Les instructions de Dieu peuvent paraitre bizarres voire inutiles dans certains cas.

Les marges d'erreur ne sont pas acceptables dans les détails spirituels et divins. Vos bénédictions sont proportionnelles au niveau de précision que vous êtes en mesure d'appliquer aux détails des choses. En d'autres termes, vos bénédictions peuvent être limitées aux détails que vous gérez. Votre transformation spirituelle, votre marche chrétienne et tous les autres aspects de votre vie spirituelle dépendent de votre capacité à gérer avec succès les détails spirituels.

En raison de la grandeur et de l'immensité de Dieu, l'homme est amené à penser que le Créateur ne s'intéresse pas aux choses minuscules, donc aux détails. D'aucuns pensent que celui qui créa la mer ne serait pas intéressé au liquide qui compose un parfum qu'un homme va lui offrir. L'homme ne peut pas comprendre que celui qui créa tous les arbres pourrait être intéressé au bois d'acacia spécifiquement dans un contexte donné. Ce jugement et cette conclusion sont faux et erronés. Dieu s'appuie sur les détails pour faire tout, établir la différence entre le pur et l'impur et entre le bien et le mal.

Les détails sont essentiels pour Dieu. Il veut que ceux qui s'approchent de Lui se soucient des détails de toutes sortes, particulièrement ceux qui touchent aux choses spirituelles.

Les enjeux spirituels constituent tout ce qu'on peut gagner ou perdre quand on prend en compte ou laisse tomber quelque chose ayant une importance spirituelle. Le traitement que vous accordez à quelque chose de spirituel déterminera votre relation avec Dieu qui est essentiellement Esprit. Il arrive souvent que les détails ont un caractère spirituel. En d'autres termes, la majorité des détails que l'on relègue souvent au second rang ont des significations spirituelles essentielles. Le traitement des détails physiques ou spirituels entraine logiquement des conséquences positives ou négatives sur les personnes concernées.

A travers la gestion des détails spirituels, vous pouvez vous rapprocher de Dieu ou vous éloigner de lui. Les enjeux spirituels des détails reposent sur deux piliers fondamentaux: connaissance précise des instructions (détails) de Dieu et exécution parfaite des instructions (détails) de Dieu. Il est indispensable de passer par ces deux étapes pour plaire à Dieu. Personne ne peut mettre en pratique la volonté de Dieu sans la connaitre. Une connaissance de la volonté de Dieu sans application n'est utile à personne.

Jésus s'appliqua à connaitre et à accomplir la volonté de Dieu.

Car je suis descendu du ciel pour faire, non ma volonté, mais la volonté de celui qui m'a envoyé.[84]

Je t'ai glorifié sur la terre, j'ai achevé l'œuvre que tu m'as donnée à faire.[85]

Le sauveur de l'humanité a certainement pris le temps nécessaire pour bien assimiler la volonté de son Père avant de la matérialiser.

Quelques enjeux spirituels des détails

Jésus exécutait les ordres de son père avec précision pour pouvoir accomplir les missions et les prophéties. Le Seigneur tient aux détails. Le Seigneur est un Seigneur de détails comme son père l'est. Toutes ses instructions sont accompagnées de détails précis. Il a montré son

---

[84] Jean 6:38
[85] Jean 17:4

attachement au respect des détails dans l'Evangile selon Matthieu. Un iota ou un seul trait de lettre ne disparaitra.

Car, je vous le dis en vérité, tant que le ciel et la terre ne passeront point, il ne disparaîtra pas de la loi un seul iota ou un seul trait de lettre, jusqu'à ce que tout soit arrivé.[86]

Un iota ou un trait de lettre est un détail très insignifiant aux yeux de l'homme, mais le Seigneur insiste sur son importance.

Instructions relatives à l'entrée triomphale de Jésus à Jérusalem

Analysez les instructions de l'entrée triomphale de Jésus à Jérusalem pour comprendre comment un manquement à l'un des détails aurait gâché le plan. La réalisation des événements planifiés et annoncés depuis longtemps dépend de l'exactitude des exécutants appelés à les réaliser.

Après avoir ainsi parlé, Jésus marcha devant la foule, pour monter à Jérusalem. Lorsqu'il approcha de Bethphagé et de Béthanie, vers la montagne appelée montagne des Oliviers, Jésus envoya deux de ses disciples, en disant: Allez au village qui est en face; quand vous y serez entrés, vous trouverez un ânon attaché, sur lequel aucun homme ne s'est jamais assis; détachez-le, et amenez-le.

---

[86] Matthieu 5:18

Si quelqu'un vous demande: Pourquoi le détachez-vous? vous lui répondrez: Le Seigneur en a besoin. Ceux qui étaient envoyés allèrent, et trouvèrent les choses comme Jésus leur avait dit.

Comme ils détachaient l'ânon, ses maîtres leur dirent: Pourquoi détachez-vous l'ânon?

Ils répondirent: Le Seigneur en a besoin. Et ils amenèrent à Jésus l'ânon, sur lequel ils jetèrent leurs vêtements, et firent monter Jésus. Quand il fut en marche, les gens étendirent leurs vêtements sur le chemin.

Et lorsque déjà il approchait de Jérusalem, vers la descente de la montagne des Oliviers, toute la multitude des disciples, saisie de joie, se mit à louer Dieu à haute voix pour tous les miracles qu'ils avaient vus.

Ils disaient: Béni soit le roi qui vient au nom du Seigneur! Paix dans le ciel, et gloire dans les lieux très hauts! Quelques pharisiens, du milieu de la foule, dirent à Jésus: Maître, reprends tes disciples. Et il répondit: Je vous le dis, s'ils se taisent, les pierres crieront! [87]

Jésus envoya deux disciples détacher un ânon sur lequel aucun homme ne s'est jamais assis. Trois disciples ne devraient pas aller chercher un cheval ou un chameau. Jésus fournit les réponses précises à donner aux questions du

---

[87] Luc 19:28 - 40

propriétaire de l'ânon. Si les deux disciples ne se conformaient pas aux détails de l'ordre de Jésus, son entrée triomphale à Jérusalem serait hypothéquée. N'importe quelle erreur de l'un de ces deux disciples dans l'application des instructions compromettrait le plan de Dieu.

Instructions de Jésus à Pierre pour payer l'impôt du temple
Dans le but d'éviter un scandale, Jésus ordonna à Pierre de remplir une mission bien précise.

Lorsqu'ils arrivèrent à Capernaüm, ceux qui percevaient les deux drachmes s'adressèrent à Pierre, et lui dirent: Votre maître ne paie-t-il pas les deux drachmes? Oui, dit-il. Et quand il fut entré dans la maison, Jésus le prévint, et dit: Que t'en semble, Simon? Les rois de la terre, de qui perçoivent-ils des tributs ou des impôts? de leurs fils, ou des étrangers? Il lui dit: Des étrangers. Et Jésus lui répondit: Les fils en sont donc exempts. Mais, pour ne pas les scandaliser, va à la mer, jette l'hameçon, et tire le premier poisson qui viendra; ouvre-lui la bouche, et tu trouveras un statère. Prends-le, et donne-le-leur pour moi et pour toi.[88]

L'impôt ne serait pas payé si Pierre n'exécutait pas à la lettre les instructions de Jésus. La mer est remplie de poissons de

---

[88] Matthieu 17: 24 - 27

toutes sortes. Il aurait pu penser que n'importe quel poisson pourrait faire l'affaire. Il pourrait penser que Dieu mettrait de l'argent à l'intérieur de n'importe quel poisson attrapé. Le scandale aurait pu arriver s'il se rendait à une rivière ou un fleuve pour pêcher. La négligence des détails des instructions reçues aurait entrainé de sérieuses conséquences sur le ministère du Seigneur.

Instructions du premier miracle de Jésus

Il est important d'analyser les recettes du premier miracle de Jésus- Christ.

Trois jours après, il y eut des noces à Cana en Galilée. La mère de Jésus était là,

et Jésus fut aussi invité aux noces avec ses disciples.

Le vin ayant manqué, la mère de Jésus lui dit: Ils n'ont plus de vin.

Jésus lui répondit: Femme, qu'y a-t-il entre moi et toi? Mon heure n'est pas encore venue.

Sa mère dit aux serviteurs: Faites ce qu'il vous dira.

Or, il y avait là six vases de pierre, destinés aux purifications des Juifs, et contenant chacun deux ou trois mesures.

Jésus leur dit: Remplissez d'eau ces vases. Et ils les remplirent jusqu'au bord.

Puisez maintenant, leur dit-il, et portez-en à l'ordonnateur du repas.
Et ils en portèrent.

Quand l'ordonnateur du repas eut goûté l'eau changée en vin, ne
sachant d'où venait ce vin, tandis que les serviteurs, qui avaient puisé
l'eau, le savaient bien, -il appela l'époux.[89]

Le premier constat est que la mère de Jésus sait que chaque
iota de l'instruction du Seigneur compte, elle a dit : *Faites ce*
qu'il vous dira. C'était un conseil précieux que la mère du
Seigneur prodigua aux gens.

Jésus a dit de remplir d'eau toutes les vases. Il n'a pas dit de
remplir deux ou trois vases d'un autre liquide. Après le
remplissage jusqu'au bord, le Maitre leur dit de les apporter
à l'ordonnateur du repas. Et le miracle a eu lieu, c'est - à -
dire, l'eau est transformée en vin.

Le premier miracle de Jésus pourrait se heurter à
l'incrédulité ou à la désobéissance des gens qui pourraient
ne pas vouloir appliquer les instructions, apparemment
absurdes, du Seigneur.

---

[89] Jean 2: 1-9

Connaissance précise des instructions de Dieu

Le Dieu de nos pères t'a destiné à connaître sa volonté, à voir le Juste, et à entendre les paroles de sa bouche; car tu lui serviras de témoin, auprès de tous les hommes, des choses que tu as vues et entendues.[90]

Dieu qui est la Parole et qui fait tout par la parole fait connaitre sa volonté, ses instructions, ses commandements, ses préceptes et ses détails par une forme de communication quelconque.

Quelles sont les formes de communication que Dieu utilise pour atteindre l'homme? Dieu délivre ses messages de différentes façons:

La communication orale: Jéhovah est un Dieu qui parle pour transmettre ses ordres et faire des choses.

La voix de l'Éternel retentit sur les eaux, Le Dieu de gloire fait gronder le tonnerre; L'Éternel est sur les grandes eaux.

La voix de l'Éternel est puissante, La voix de l'Éternel est majestueuse.

La voix de l'Éternel brise les cèdres; L'Éternel brise les cèdres du Liban,

Il les fait bondir comme des veaux, Et le Liban et le Sirion comme de jeunes buffles.

---

[90] Actes 2: 14 -15

La voix de l'Éternel fait jaillir des flammes de feu.

La voix de l'Éternel fait trembler le désert; L'Éternel fait trembler le désert de Kadès.

La voix de l'Éternel fait enfanter les biches, Elle dépouille les forêts.

Dans son palais tout s'écrie: Gloire![91]

Car il dit, et la chose arrive; Il ordonne, et elle existe.[92]

La communication écrite: Dieu communique également par écrit. Les dix commandements ont été gravés sur deux tables de pierre. La gravure était à cette époque la forme d'écriture la plus durable, car elle pouvait résister à l'eau.

Lorsque l'Éternel eut achevé de parler à Moïse sur la montagne de Sinaï, il lui donna les deux tables du témoignage, tables de pierre, écrites du doigt de Dieu.[93]

La Bible est une forme de communication écrite que Dieu utilise pour transmettre son message à l'humanité. En effet, Dieu a inspiré des hommes choisis pour écrire la Bible afin de révéler son plan pour les hommes.

Toute Écriture est inspirée de Dieu, et utile pour enseigner, pour convaincre, pour corriger, pour instruire dans la justice, afin que

---

[91] Psaume 29: 3 - 9
[92] Psaume 39:3
[93] Exode 31:18

l'homme de Dieu soit accompli et propre à toute bonne œuvre.[94]

La communication visuelle: Dieu se sert également de la communication visuelle pour faire passer ses messages.

La montagne de Sinaï était tout en fumée, parce que l'Éternel y était descendu au milieu du feu; cette fumée s'élevait comme la fumée d'une fournaise, et toute la montagne tremblait avec violence.[95]

Dieu parle, écrit et communique par image, donc le créateur du monde exploite des formes multimédia pour nous parler.

Dieu peut nous parler également à travers des pensées, des événements ou même des impressions. Pour ce faire, nous devons nous servir de notre conscience.

Mes frères, regardez comme un sujet de joie complète les diverses épreuves auxquelles vous pouvez être exposés, sachant que l'épreuve de votre foi produit la patience. Mais il faut que la patience accomplisse parfaitement son œuvre, afin que vous soyez parfaits et accomplis, sans faillir en rien. Si quelqu'un d'entre vous manque de sagesse, qu'il l'a demande à Dieu, qui donne à tous simplement et sans reproche, et elle lui sera donnée.[96]

---

[94] 2 Timothée 3:16 -17
[95] Exode 19:18
[96] Jacques 1: 2-5

et ayant une bonne conscience, afin que, là même où ils vous calomnient comme si vous étiez des malfaiteurs, ceux qui décrient votre bonne conduite en Christ soient couverts de confusion.[97]

Nous devons demander à Dieu de nous aider à faire sa volonté. Il veut que sa volonté se fasse, donc il est logique qu'il répondra à nos prières.

Enseigne-moi à faire ta volonté! Car tu es mon Dieu. Que ton bon esprit me conduise sur la voie droite! [98]

Dieu a promis à David de lui montrer le chemin à prendre.

Je t'instruirai et te montrerai la voie que tu dois suivre; Je te conseillerai, j'aurai le regard sur toi.[99]

Dieu a pris le soin de détailler les dix commandements pour éviter toute ambigüité et confusion dans leur observance.

Le respect des règles édictées par Dieu est essentiel à l'accomplissement des œuvres de Dieu.

Comment connaitre la volonté de Dieu?

Maintenant, si j'ai trouvé grâce à tes yeux, fais-moi connaître tes voies; alors je te connaîtrai, et je trouverai encore grâce à tes yeux.

---

[97] 1 Pierre 3:16
[98] Psaumes 143: 10
[99] Psaumes 32: 8

Considère que cette nation est ton peuple.[100]

La volonté de Dieu peut se révéler à vous sous différentes formes.

D'abord, par sa parole écrite, la Bible, en méditant les saintes écritures vous pouvez découvrir au fur et à mesure ce que Dieu attend de vous comme Son fils ou Sa fille. Le Chrétien désireux de connaitre la volonté de Dieu doit lire, méditer et mettre en pratique la Bible dans ses moindres détails.

Dieu peut vous parler directement à travers des révélations et des songes pour vous demander d'exécuter un ordre précis. Vous devez être très attentif et sensible à la voix de Dieu qui se fait entendre à travers ces canaux de communication.

Dieu peut également se servir d'autres serviteurs pour vous communiquer son message. Les prédications et les prophéties méritent d'être bien analysées pour y déceler la volonté de Dieu.

Les événements et les preuves qui se manifestent dans nos vies peuvent être aussi des moyens pour découvrir Sa volonté pour nous.

---

[100] Exode 33: 13

Que vous soyez remplis de la connaissance de sa volonté, en toute sagesse et intelligence spirituelle, pour marcher d'une manière digne du Seigneur afin de lui plaire à tous égards.[101]

Pourquoi connaitre la volonté de Dieu?

C'est pourquoi ne soyez pas inconsidérés, mais comprenez quelle est la volonté du Seigneur.[102]

L'homme ne pourra pas satisfaire les attentes de Dieu, s'il ne connait pas Sa volonté. La volonté de Dieu est l'expression de Ses instructions et Ses détails. L'homme ne doit pas avoir une connaissance approximative par rapport à ce que Dieu veut. Chacun de nous doit posséder une connaissance parfaite de la volonté de Dieu.

D'abord, notre communion avec notre Créateur se base sur la connaissance de Sa volonté.[103]

Deuxièmement, la connaissance de la volonté de Dieu est la garantie du salut pour le croyant.[104]

Plusieurs autres raisons montrent la nécessité d'être bien imbus des instructions du Créateur.

Nous sommes les instruments que Dieu doit utiliser pour

---

[101] Colossiens 1: 9 -10
[102] Ephésiens 5:17
[103] Jérémie 7:23
[104] 1 Jean 2:17

réaliser ses plans à travers notre génération. Ce fut le cas avec le Roi David.[105]

L'accomplissement de la volonté de Dieu entrainera la réalisation de Ses promesses envers nous.[106]

Nous glorifions et honorons Dieu quand nous exécutons ses commandements.[107]

L'obéissance à Sa volonté donne accès au royaume de Dieu.[108]

Exécution parfaite des instructions de Dieu

Mais voici l'ordre que je leur ai donné: Écoutez ma voix, Et je serai votre Dieu, Et vous serez mon peuple; Marchez dans toutes les voies que je vous prescris, afin que vous soyez heureux.[109]

Dieu est très sensible à ses détails personnels. Nous venons de voir qu'Il est également très minutieux dans les détails de ce qu'il demande de faire pour sa gloire.

Dieu s'attache à la quantité et à la qualité des détails. Il n'acceptera pas 11 animaux alors qu'il a exigé 10. Il n'acceptera pas non plus un mâle pour une femelle.

---

[105] Actes 13:36, Jean 15:16
[106] Hebreux 10:36
[107] Jean 17:4, Ephésiens 1:9 -12
[108] Matthieu 7:21
[109] Jérémie 7:23

L'attitude de celui qui exécute les projets de Dieu est un détail important. Dieu qui sonde les cœurs peut juger l'attitude de celui qui est appelé à exécuter une tâche.

Aucun sacrifice ne sera agréé par Dieu s'il ne satisfait pas à ses instructions. La date, le lieu, la position, l'ordre et l'agencement des éléments comptent pour Dieu.

Alors comment satisfaire les détails de Dieu?

L'Eternel dit à Moïse: *Regarde, et fais d'après le modèle qui t'est montré sur la montagne.*[110]

La formule est simple: l'obéissance. Nous devons tous nous évertuer à obéir à la lettre les prescrits de Dieu. Il nous sera impossible de plaire à Dieu sans une prédisposition à lui obéir.

Tous ceux qui veulent devenir amis de Dieu doivent être prêts à accomplir Sa volonté. Tous les serviteurs ayant exécuté avec précision ses ordres lui ont plu et sont devenus ses amis.

Accomplir la Volonté de Dieu, c'est la voie idéale pour satisfaire à ses détails.

Que le Dieu de paix, qui a ramené d'entre les morts le grand pasteur des brebis, par le sang d'une alliance éternelle, notre Seigneur Jésus,

---

[110] Exode 25:40

vous rende capables de toute bonne œuvre pour l'accomplissement de sa volonté, et fasse en vous ce qui lui est agréable, par Jésus Christ, auquel soit la gloire aux siècles des siècles! Amen![111]

Nous devons tous être prédisposées à nous assujettir à la volonté de notre Créateur pour pouvoir bénéficier de ses bonnes grâces. Nous devons exécuter à la lettre ce que Dieu veut. L'exécution ne doit pas avoir un détail en plus, ni en moins. Les tâches confiées à nous ne doivent pas être exécutées ni une seconde avant, ni après..

En exécutant l'ordre de Dieu, vous devez être prêt à renoncer à vos propres détails, soucis, désirs et goûts. Jésus - Christ a consenti ce sacrifice pour plaire à son Père.

disant: Père, si tu voulais éloigner de moi cette coupe! Toutefois, que ma volonté ne se fasse pas, mais la tienne.[112]

Job a laissé tomber sa propre volonté pour faire place à celle de Dieu.

Je n'ai pas abandonné les commandements de ses lèvres; J'ai fait plier ma volonté aux paroles de sa bouche.[113]

Dieu veut que sa volonté exprimée de diverses façons ait la priorité dans nos vies. Nous sommes tenus de lui obéir et

---

[111] Hébreux 13: 20 -21
[112] Luc 22: 42
[113] Job 23:12

servir loyalement.

Tous ceux qui ont exécuté sa volonté à la lettre sont honorés. Il est vrai pour Gédéon qui a délivré le peuple d'Israël de la main de Madian, pour Josué qui a aussi délivré le peuple d'Israël. Des hommes tels que David, Salomon, Josué, Gédéon, Daniel, Abraham ont fait tout ce qui était nécessaire pour plaire à Dieu, chacun en ce qui le concerne.

Pourquoi Dieu a t-il dit: J'ai trouvé David, mon serviteur, un homme selon mon cœur?

J'ai trouvé David, mon serviteur, Je l'ai oint de mon huile sainte.[114]

Nous devons toujours nous rappeler que notre existence n'a qu'un seul objectif sur la terre: le service de Dieu.

Car nous sommes son ouvrage, ayant été créés en Jésus Christ pour de bonnes œuvres, que Dieu a préparées d'avance, afin que nous les pratiquions.[115]

Samuel dit: L'Éternel trouve-t-il du plaisir dans les holocaustes et les sacrifices, comme dans l'obéissance à la voix de l'Éternel? Voici, l'obéissance vaut mieux que les sacrifices, et l'observation de sa parole vaut mieux que la graisse des béliers.[116]

---

[114] Psaume 89:20
[115] Ephésiens 2:10
[116] 1 Samuel 15: 22

Conséquences positives des détails spirituels

Quand un homme connait et applique la volonté de Dieu, il déclenche automatique des conséquences favorables sur lui.

Parmi les conséquences positives dont un homme peut bénéficier figurent la gestion réussie de ses détails personnels, des réponses positives aux prières précises, un traitement équitable aux autres, une plus grande responsabilité comme récompense et l'accès à la gloire de Dieu.

1.- Gestion des détails personnels

Prends garde à ton pied, lorsque tu entres dans la maison de Dieu; approche-toi pour écouter, plutôt que pour offrir le sacrifice des insensés, car ils ne savent pas qu'ils font mal.

Ne te presse pas d'ouvrir la bouche, et que ton cœur ne se hâte pas d'exprimer une parole devant Dieu; car Dieu est au ciel, et toi sur la terre: que tes paroles soient donc peu nombreuses.

Car, si les songes naissent de la multitude des occupations, la voix de l'insensé se fait entendre dans la multitude des paroles.

Lorsque tu as fait un vœu à Dieu, ne tarde pas à l'accomplir, car il n'aime pas les insensés: accomplis le vœu que tu as fait.

Mieux vaut pour toi ne point faire de vœu, que d'en faire un et de ne pas l'accomplir.

Ne permets pas à ta bouche de faire pécher ta chair, et ne dis pas en présence de l'envoyé que c'est une inadvertance. Pourquoi Dieu s'irriterait-il de tes paroles, et détruirait-il l'ouvrage de tes mains?

Car, s'il y a des vanités dans la multitude des songes, il y en a aussi dans beaucoup de paroles; c'est pourquoi, crains Dieu.

Si tu vois dans une province le pauvre opprimé et la violation du droit et de la justice, ne t'en étonne point; car un homme élevé est placé sous la surveillance d'un autre plus élevé, et au-dessus d'eux il en est de plus élevés encore.[117]

Une connaissance des détails de la volonté de Dieu aura nécessairement pour conséquences positives une meilleure gestion des détails personnels.

Prends soin de tes pensées parce qu'elles deviendront des Mots.

Prends soin de tes mots parce qu'ils deviendront Actions.

Prends soin de tes actions parce qu'elles deviendront Habitudes.

Prends soin de tes habitudes parce qu'elles formeront ton Caractère.

Prends soin de ton caractère parce qu'il formera ton Destin,

Et ton destin sera ta Vie[118]

La gestion des détails personnels de tout homme doit se faire selon le plan de Dieu. Celui qui parvient à pénétrer la volonté de Dieu, donc les détails que Dieu veut pour sa vie

---

[117] Ecclésiaste 5: 1- 8
[118] Lao Tseu

a les moyens de gérer ses détails personnels avec succès. En effet, ses propres détails sont constitués de ses pensées, ses paroles et ses actions. Dans les versets bibliques ci - dessus, nous voyons ces trois axes du quotidien de l'homme.

Dans le verset 2, il est question du cœur, donc de la pensée de l'homme.[119]

La gestion des paroles est abordée dans les versets 2 à 6.[120]

Les versets 1 et 6 mettent en garde contre les actions, les initiatives et les entreprises auxquelles l'homme peut s'adonner pendant sa vie.[121]

Même l'inaction de l'homme ou encore l'omission est également abordée.[122]

Les cinq sens de l'homme: la vue, l'ouïe, l'odorat, le goût et le toucher sont des portes d'entrée vers l'homme spirituel, à savoir, le cœur. Ces interfaces avec le monde extérieur sont des canaux par lesquels de mauvaises informations atteignent le cœur. Quand le cœur ne rejette pas immédiatement les mauvaises informations, elles deviennent des convoitises qui mèneront au péché. Ève a

---

[119] Ecclésiaste 5:2
[120] Ecclésiaste 5: 2- 6
[121] Ecclésiaste 5: 1 et 6
[122] Ecclésiaste 5:5

prêté ses oreilles à Satan, et finalement elle est convaincue par cette mauvaise voix. Elle a fini par désobéir à Dieu.

Garde ton cœur plus que toute autre chose, Car de lui viennent les sources de la vie.[123]

En se promenant, le Roi David a vu Bath - Scheba se baigner, et il est tombé sous le coup de la tentation. Il utilisa ses pouvoirs pour exécuter les mauvaises suggestions reçues, et les conséquences étaient horribles.

Je ne mettrai rien de mauvais devant mes yeux; Je hais la conduite des pécheurs; Elle ne s'attachera point à moi.[124]

La gestion des détails des pensées est prioritaire, car elles alimentent les paroles et les actions.

Car c'est du dedans, c'est du cœur des hommes, que sortent les mauvaises pensées, les adultères, les impudicités, les meurtres, les vols, les cupidités, les méchancetés, la fraude, le dérèglement, le regard envieux, la calomnie, l'orgueil, la folie.[125]

Nous devons gérer nos pensées de très près, car d'elles toute notre vie dépend. La pensée précède l'action. De bonnes pensées accouchent de bonnes actions, de même

---

[123] Proverbes 4:23
[124] Psaumes 101:3
[125] Marc 7: 21- 22

que de mauvaises pensées donnent naissance à des actions répréhensibles et horribles. Le processus est simple: les pensées se transforment en paroles, et un peu plus tard les paroles se traduiront en actions bonnes ou mauvaises.

Au reste, frères, que tout ce qui est vrai, tout ce qui est honorable, tout ce qui est juste, tout ce qui est pur, tout ce qui est aimable, tout ce qui mérite l'approbation, ce qui est vertueux et digne de louange, soit l'objet de vos pensées.[126]

Le cœur du juste médite pour répondre, mais la bouche des méchants répand des méchancetés.[127]

La gestion des détails des paroles est tout aussi primordiale, car la mort et la vie sont au pouvoir de la langue.[128]

L'homme bon tire de bonnes choses du bon trésor de son cœur, et le méchant tire de mauvaises choses de son mauvais trésor; car c'est de l'abondance du cœur que la bouche parle.[129]

Ce verset montre que c'est le cœur, donc les pensées qui aliment les paroles de l'homme.

L'apôtre Jacques nous exhorte tous à être prudents dans l'usage de la langue.[130]

---

[126] Philippiens 4:8
[127] Proverbes 15:28
[128] Proverbes 18:21
[129] Luc 6:45
[130] Jacques 3: 2- 10

Celui qui veille sur sa bouche et sur sa langue préserve son âme des angoisses.[131]

La quantité de paroles que nous débitons doit être bien gérée pour pouvoir contourner le péché.

Celui qui parle beaucoup ne manque pas de pécher, mais celui qui retient ses lèvres est un homme prudent.[132]

Si tu fais un vœu à l'Éternel, ton Dieu, tu ne tarderas point à l'accomplir: car l'Éternel, ton Dieu, t'en demanderait compte, et tu te chargerais d'un péché.[133]

Nous devons bien peser chacun des mots et des paroles que nous lançons, car nous aurons à rendre compte au détail près pour chacun d'eux.

Celui qui veille sur sa bouche garde son âme; celui qui ouvre de grandes lèvres court à sa perte.[134]

Je vous le dis: au jour du jugement, les hommes rendront compte de toute parole vaine qu'ils auront proférée. Car par tes paroles tu seras justifié, et par tes paroles tu seras condamné.[135]

Nous devons honorer les promesses et vœux faits à Dieu pour ne pas s'exposer à une reddition de compte sévère.

---

[131] Proverbes 21:23
[132] Proverbes 10:19
[133] Deutéronome 23:21
[134] Proverbes 13:3.
[135] Matthieu 12: 36 - 37

Si tu fais un vœu à l'Éternel, ton Dieu, tu ne tarderas point à l'accomplir: car l'Éternel, ton Dieu, t'en demanderait compte, et tu te chargerais d'un péché.[136]

La gestion des détails des actions est également recommandée dans le but de faire la différence entre le bien et le mal.

Car nous sommes son ouvrage, ayant été créés en Jésus Christ pour de bonnes œuvres, que Dieu a préparées d'avance, afin que nous les pratiquions.[137]

Dans ce verset, il est clairement dit que nous devons faire exclusivement de bonnes œuvres. Pour s'assurer que nous faisons seulement les œuvres de Dieu, nous devons en connaitre les détails les plus fins et subtils.

Etant fils et filles de lumière, nos œuvres doivent porter l'empreinte de la lumière.

Vous êtes la lumière du monde. Une ville située sur une montagne ne peut être cachée; et on n'allume pas une lampe pour la mettre sous le boisseau, mais on la met sur le chandelier, et elle éclaire tous ceux qui sont dans la maison.

Que votre lumière luise ainsi devant les hommes, afin qu'ils voient vos

---

[136] Deutéronome 23:21
[137] Ephésiens 2:10

bonnes œuvres, et qu'ils glorifient votre Père qui est dans les cieux.[138]

L'apôtre Paul dit clairement que nous devons subir une transformation afin que nous sachions ce qui est agréable aux yeux de Dieu.

Ne vous conformez pas au siècle présent, mais soyez transformés par le renouvellement de l'intelligence, afin que vous discerniez quelle est la volonté de Dieu, ce qui est bon, agréable et parfait.[139]

2.- Réponses positives aux prières précises

Dis-leur: Je suis vivant! dit l'Éternel, je vous ferai ainsi que vous avez parlé à mes oreilles.[140]

Dieu attend que vous définissiez vos besoins en détail pour les satisfaire. Un architecte ne pourra répondre aux attentes d'un client que si celui - ci précise ce qu'il veut avoir comme maison. Dieu est disposé à réaliser en votre faveur ce que vous voulez, il vous suffit de mettre beaucoup d'accent sur les détails. L'homme a l'autorité légitime pour définir ses besoins. Vous obtiendrez toujours ce que vous aurez mesuré. Vous mesurez gros, la réponse sera grande. Il vous sera fait selon la quantité de détails précisés dans votre

---

[138] Matthieu 5: 14 -16
[139] Romains 12: 2
[140] Nombres 14:28

demande. Les résultats sont proportionnels aux requêtes soumises.

Gédéon lui dit: Si j'ai trouvé grâce à tes yeux, donne-moi un signe pour montrer que c'est toi qui me parles.

Ne t'éloigne point d'ici jusqu'à ce que je revienne auprès de toi, que j'apporte mon offrande, et que je la dépose devant toi. Et l'Éternel dit: Je resterai jusqu'à ce que tu reviennes.[141]

Gédéon a détaillé sa demande, et il a obtenu exactement ce qu'il voulait. Gédéon a demandé d'autres preuves plus précises à Dieu, l'Eternel lui a répondu favorablement.[142]

Un autre exemple est celui d'Anne qui attendait un enfant. Dans sa douleur et ses ennuis, Anne a pris le soin de préciser le sexe de l'enfant qu'elle voulait, et faire des promesses précises à l'Eternel.

Elle fit un vœu, en disant: Éternel des armées! si tu daignes regarder l'affliction de ta servante, si tu te souviens de moi et n'oublies point ta servante, et si tu donnes à ta servante un enfant mâle, je le consacrerai à l'Éternel pour tous les jours de sa vie, et le rasoir ne passera point sur sa tête.[143]

Dans le cours de l'année, Anne devint enceinte, et elle enfanta un fils,

---

[141] Juges 6: 17 -18
[142] Juges 6: 36 - 40
[143] 1 Samuel 1:11

qu'elle nomma Samuel, car, dit-elle, je l'ai demandé à l'Éternel.[144]

Anne a effectivement reçu de Dieu un enfant mâle. Dieu sait qu'elle serait déçue si sa prière n'était pas prise en compte. Anne n'a pas eu une fille, parce qu'elle voulait un fils.

Il convient aussi de noter qu'elle réalisa exactement le vœu qu'elle a fait à Dieu avant de voir sa demande agréée.

Mais Anne ne monta point, et elle dit à son mari: Lorsque l'enfant sera sevré, je le mènerai, afin qu'il soit présenté devant l'Éternel et qu'il reste là pour toujours.[145]

Quand elle l'eut sevré, elle le fit monter avec elle, et prit trois taureaux, un épha de farine, et une outre de vin. Elle le mena dans la maison de l'Éternel à Silo: l'enfant était encore tout jeune.[146]

Salomon a fait la même expérience en précisant les détails de sa demande. Il a pris le soin de spécifier ce qu'il attendait de l'Eternel. Les précisions ne dérangeaient pas du tout l'Eternel. Les détails ont plu au Seigneur qui les exécuta à la lettre. Dieu lui répondit: *Voici, j'agirai selon ta parole.* Cette réponse de Dieu sous- entend qu'Il va réaliser au détail près la demande de Salomon.

---

[144] 1 Samuel 1:20
[145] 1 Samuel 1:22
[146] 1 Samuel 1:24

Accorde donc à ton serviteur un cœur intelligent pour juger ton peuple, pour discerner le bien du mal! Car qui pourrait juger ton peuple, ce peuple si nombreux?

Cette demande de Salomon plut au Seigneur.

Et Dieu lui dit: Puisque c'est là ce que tu demandes, puisque tu ne demandes pour toi ni une longue vie, ni les richesses, ni la mort de tes ennemis, et que tu demandes de l'intelligence pour exercer la justice,

Voici, j'agirai selon ta parole. Je te donnerai un cœur sage et intelligent, de telle sorte qu'il n'y aura eu personne avant toi et qu'on ne verra jamais personne de semblable à toi.[147]

Moïse a fait une expérience extraordinaire en soumettant la demande précise des filles de Tselophchad à Dieu. Le fait que la demande ait été soutenu par des arguments, donc des détails, Dieu a dit que les filles ont raison. Et Il a ordonné a Moïse de donner suite favorable à la demande précise.

Les filles de Tselophchad, fils de Hépher, fils de Galaad, fils de Makir, fils de Manassé, des familles de Manassé, fils de Joseph, et dont les noms étaient Machla, Noa, Hogla, Milca et Thirsta, s'approchèrent et se présentèrent devant Moïse, devant le sacrificateur

---

[147] 1 Rois 3: 9 - 12

Éléazar, et devant les princes et toute l'assemblée, à l'entrée de la tente d'assignation. Elles dirent:

Notre père est mort dans le désert; il n'était pas au milieu de l'assemblée de ceux qui se révoltèrent contre l'Éternel, de l'assemblée de Koré, mais il est mort pour son péché, et il n'avait point de fils.

Pourquoi le nom de notre père serait-il retranché du milieu de sa famille, parce qu'il n'avait point eu de fils? Donne-nous une possession parmi les frères de notre père.

Moïse porta la cause devant l'Éternel.

Et l'Éternel dit à Moïse:

Les filles de Tselophchad ont raison. Tu leur donneras en héritage une possession parmi les frères de leur père, et c'est à elles que tu feras passer l'héritage de leur père.[148]

Néhémie a demandé à Dieu la réussite. Il a l'obtenue. S'il demandait autre chose, il l'obtiendrait.

Les détails ne sont pas ennuyeux, ni encombrants aux yeux de Dieu, mais ils soutiennent et justifient les demandes et les prières. Quand vous fournissez les détails à Dieu, vous lui donnez les informations nécessaires à la création de votre demande. Néhémie n'a pas dit à Dieu de faire quelque chose en sa faveur. Sa demande n'était pas vague.

---

[148] Nombres 27: 1- 7

Il a demandé la réussite, et non l'échec.

Tu lui as donné ce que désirait son cœur, et tu n'as pas refusé ce que demandaient ses lèvres.[149]

Il te demandait la vie, tu la lui as donnée, Une vie longue pour toujours et à perpétuité.[150]

Dieu sait que vous tenez énormément à vos propres détails, c'est pourquoi Il vous demande de les préciser afin qu'ils soient convenablement remplis. Quand ils sont bien remplis, vous serez dans la joie complète. Chaque homme rencontre le bonheur quand ses détails sont satisfaits. Les demandes personnelles de tout individu n'ont qu'une seule base: les détails.

Jusqu'à présent vous n'avez rien demandé en mon nom. Demandez, et vous recevrez, afin que votre joie soit parfaite.[151]

Considérez cette analogie que Jésus - Christ a faite pour montrer que Dieu donnera exactement ce que Ses enfants lui demandent.

Et moi, je vous dis: Demandez, et l'on vous donnera; cherchez, et vous trouverez; frappez, et l'on vous ouvrira.

---

[149] Psaumes 21:2
[150] Psaumes 21:4
[151] Jean 16:24

Car quiconque demande reçoit, celui qui cherche trouve, et l'on ouvre à celui qui frappe.

Quel est parmi vous le père qui donnera une pierre à son fils, s'il lui demande du pain? Ou, s'il demande un poisson, lui donnera-t-il un serpent au lieu d'un poisson?

Ou, s'il demande un œuf, lui donnera-t-il un scorpion?

Si donc, méchants comme vous l'êtes, vous savez donner de bonnes choses à vos enfants, à combien plus forte raison le Père céleste donnera-t-il le Saint Esprit à ceux qui le lui demandent.[152]

Dieu prend plaisir à répondre aux besoins, désirs et attentes de toutes ses créatures. Les détails ne sont ni trop nombreux, ni intimes pour ne pas les soumettre à Dieu; ils sont les arguments et les justifications de vos besoins.

Il tient compte des besoins du règne végétal et ceux du règne animal. Regardez ce que Dieu a fait pour les bétails.

Il fait germer l'herbe pour le bétail, et les plantes pour les besoins de l'homme, afin que la terre produise de la nourriture,

Le vin qui réjouit le cœur de l'homme, et fait plus que l'huile resplendir son visage, et le pain qui soutient le cœur de l'homme.[153]

---

[152] Luc 11 :9 - 13
[153] Psaume 104: 14 -15

117

Il vous revient de définir clairement et précisément les détails de vos attentes, parce que votre prière et votre demande seront exécutées telles qu'elles sont définies.

Dieu en Sa qualité d'omniscient connait sûrement les besoins précis de chacun des habitants de la planète, mais pourquoi veut - Il que nous exprimions les détails? Nous avons l'autorité légitime de choisir ce qui nous plait par le moyen de notre bouche. Lorsque nous déclarons nos besoins et attentes avec des détails précis, nous ne faisons que nous engager de façon la plus formelle à obtenir et accepter les résultats tels que définis par nos lèvres. Dans le plan divin, le fait de parler, déclarer et confesser quelque chose est un acte hautement spirituel qui engage l'homme qui parle et Dieu qui ordonne que les choses se fassent comme elle sont décrites. Nous devons comprendre qu'en demandant une voiture précise à Dieu, nous signons un document contractuel qui contient tous les détails mécaniques et électriques du véhicule sollicité.

Dieu qui dit: *Je vous ferai comme vous avez parlé à mes oreilles* ne peut pas renier, ni se déresponsabiliser après. Dieu promet d'agir selon nos paroles, c'est - à - dire, nos instructions.

La maison que vous voulez obtenir de Dieu doit être décrite avec précision. L'architecture complète, le lieu d'implantation, les types de matériaux doivent être détaillés. Les meubles doivent être aussi précisés.

Si vous demandez une voiture à Dieu, il faut donner les caractéristiques de ce véhicule. Le demandeur doit préciser la marque, le modèle, la version, l'année, et même la couleur. Il ne faut rien omettre, sinon vous aurez quelque chose avec le niveau de précision fourni. Demandez avec des détails pour que votre joie soit parfaite. Dieu sait que les cadeaux qui ne répondent pas aux détails de votre cœur ne contribueront pas à votre bonheur. Vivre dans une maison que vous n'aimez pas peut être une source de frustration. C'est pourquoi, vous devez formuler vos demandes en fonction de vos détails personnels.

Car je connais les projets que j'ai formés sur vous, dit l'Éternel, projets de paix et non de malheur, afin de vous donner un avenir et de l'espérance.[154]

Ne cachez rien à Dieu. Confiez lui tous vos besoins, désirs et aspirations. Il s'en occupera à votre goût. L'apôtre Paul l'a confirmé.

---

[154] Jérémie 29: 9-11

Ne vous inquiétez de rien; mais en toute chose faites connaître vos besoins à Dieu par des prières et des supplications, avec des actions de grâces.[155]

Nous ne devons garder aucun détail relatif à nos soucis, besoins et attentes. Nous sommes tenus d'exposer de manière précise à Dieu tous les détails afin qu'Il puisse exaucer nos demandes selon nos attentes.

Seul Dieu a la capacité de bien gérer tous nos détails, nos soucis, nos exploits et nos défaites. Il est le seul à avoir des oreilles aussi attentives et si sensibles à nos détails personnels.

Les soucis, les préoccupations, ce sont des détails personnels que l'on n'ose pas exprimer, même à voix basse. Cependant, Dieu les attend. Vous pouvez les déverser sur lui.

Et déchargez-vous sur lui de tous vos soucis, car lui-même prend soin de vous.[156]

Dieu qui fournit la sève au temps fixé à toutes les plantes, qui prépare la pluie pour la terre, donne la nourriture au bétail et aux petits du corbeau ne saurait négliger les détails de l'homme créé à sa ressemblance.

---

[155] Philippiens 4:6
[156] 1 Pierre 5: 7

Il couvre les cieux de nuages, Il prépare la pluie pour la terre; Il fait germer l'herbe sur les montagnes.

Il donne la nourriture au bétail, Aux petits du corbeau quand ils crient.[157]

J'ai entendu les gémissements des enfants d'Israël, que les Égyptiens tiennent dans la servitude, et je me suis souvenu de mon alliance.[158]

Nous devons dire à Dieu tout ce qui nous préoccupe, effraie et nous fait plaisir.

Et invoque-moi au jour de la détresse; Je te délivrerai, et tu me glorifieras.[159]

Jésus- Christ n'a pas guéri les malades sans les avoir questionnés personnellement ou leurs proches au préalable. Le Sauveur de l'humanité s'intéresse au détails des malades pour pouvoir aller droit au but. *Que veux - tu?* demande certaines fois Jésus - Christ avant de faire quoique ce soit.

Jésus s'arrêta, et dit: Appelez-le. Ils appelèrent l'aveugle, en lui disant: Prends courage, lève-toi, il t'appelle. L'aveugle jeta son manteau, et, se levant d'un bond, vint vers Jésus. Jésus, prenant la parole, lui dit: Que veux-tu que je te fasse? Rabbouni, lui répondit

---

[157] Psaume 147:8
[158] Exode 6:5
[159] Psaume 5:15

l'aveugle, que je recouvre la vue.[160]

Dans d'autres cas, le Seigneur constate personnellement le besoin et agit dans le sens des attentes des gens concernés.

Jésus se rendit ensuite à la maison de Pierre, dont il vit la belle-mère couchée et ayant la fièvre.

Il toucha sa main, et la fièvre la quitta; puis elle se leva, et le servit.[161]

Le chef a défini ses besoins et il a obtenu les résultats escomptés. La femme atteinte de la perte de sang a clairement exprimé sa situation et ses attentes. Ses détails ont été compris et satisfaits.

Tandis qu'il leur adressait ces paroles, voici, un chef arriva, se prosterna devant lui, et dit: Ma fille est morte il y a un instant; mais viens, impose-lui les mains, et elle vivra.

Jésus se leva, et le suivit avec ses disciples.

Et voici, une femme atteinte d'une perte de sang depuis douze ans s'approcha par derrière, et toucha le bord de son vêtement.

Car elle disait en elle-même: Si je puis seulement toucher son vêtement, je serai guérie.

Jésus se retourna, et dit, en la voyant: Prends courage, ma fille, ta foi t'a guérie. Et cette femme fut guérie à l'heure même.

---

[160] Marc 10: 49 -51
[161] Matthieu 8: 14 -15

Lorsque Jésus fut arrivé à la maison du chef, et qu'il vit les joueurs de flûte et la foule bruyante,

il leur dit: Retirez-vous; car la jeune fille n'est pas morte, mais elle dort. Et ils se moquaient de lui.

Quand la foule eut été renvoyée, il entra, prit la main de la jeune fille, et la jeune fille se leva.[162]

Certaines fois, les personnes intéressées fournissent les détails au Seigneur.

Comme Jésus entrait dans Capernaüm, un centenier l'aborda, le priant et disant: Seigneur, mon serviteur est couché à la maison, atteint de paralysie et souffrant beaucoup. Jésus lui dit: J'irai, et je le guérirai.[163]

3.- Respect du prochain

Et quiconque vous donnera à boire un verre d'eau en mon nom, parce que vous appartenez à Christ, je vous le dis en vérité, il ne perdra point sa récompense.[164]

L'une des conséquences positives des détails spirituels est le respect du prochain. Quand l'homme pénètre les détails spirituels, il perçoit son semblable autrement. Il le voit tout

---

[162] Matthieu 9: 18 -25
[163] Matthieu 8: 5 -7
[164] Marc 9:41

le temps comme son semblable et l'image de Dieu. Et comme conséquence, Il lui administre un traitement équitable, juste et humain. C'est ce que Dieu attend de chacun de nous.

Dieu note chaque pensée, parole et action de l'homme à l'égard de son semblable. Tout ce que l'homme fait en faveur ou en défaveur de l'homme est enregistré dans la base de données du Créateur pour les récompenses ou pour la punition appropriées. Quand vous donnez un verre d'eau à votre semblable, vous satisfaites à un détail physiologique de cette personne, cette action n'est pas insignifiante aux yeux de Dieu comme vous pourriez l'imaginer. Apporter un verre d'eau à quelqu'un, c'est une action qui est notée comme une maison offerte en cadeau. Ouvrir la bouche en faveur de quelqu'un est une action qui sera récompensée comme le geste d'un sapeur - pompier qui sauve un enfant d'un incendie.

Quel Dieu de détails que nous servons!

Celui donc qui sait faire ce qui est bien, et qui ne le fait pas, commet un péché.[165]

Il est important de comprendre que Dieu compile les

---

[165] Jacques 4:17

données sur tout ce que nous faisons et négligeons de faire pour nos semblables. Il est également crucial de comprendre que le refus de servir quelqu'un est puni par Dieu.

Tu aimeras ton prochain comme toi-même.[166]

Après l'amour que vous devez à Dieu, vous devez également aimer vos semblables comme vous le faites pour vous -même. S'aimer soi - même signifie que l'on cherche constamment à satisfaire ses propres détails qui peuvent être ses goûts, ses choix, ses manières, ses attentes, etc. Aimer quelqu'un comme soi - même implique que l'on doit chercher à comprendre les détails qui font sourire et pleurer son prochain. Il est impossible de prouver son amour envers quelqu'un en piétinant ses sentiments, ses goûts, ses choix, ses rêves, ses attentes. Ainsi, l'amour du prochain suppose que l'on tienne compte de ses détails pour pouvoir lui plaire.

Comment parvenir à répondre aux attentes d'une personne sans connaitre ses besoins? Vous devez tenir compte constamment des détails de l'autre si vous voulez manifester de l'amour à son égard. En satisfaisant aux

---

[166] Matthieu 22: 39

attentes d'une personne, vous faites la preuve de votre amour pour lui. La meilleure stratégie pour y arriver, c'est de mesurer les détails de l'autre à l'aune de vos propres détails. Vous devez valoriser les sujets de joie et les soucis des autres comme les vôtres.

Réjouissez-vous avec ceux qui se réjouissent; pleurez avec ceux qui pleurent.[167]

Ce sont des détails qui provoquent la joie ou la douleur des uns et des autres. Dieu nous demande de nous réjouir avec ceux qui fêtent et de compatir aux douleurs des autres, mais comment? Vous devez tout simplement vous intéresser à leurs détails. L'intérêt que vous portez à leurs situations personnelles sera l'occasion de vous réjouir avec les autres quand il s'agit de victoire, de réussite, et de souffrir avec les autres quand les moments d'épreuve se présentent. Il est clair que sans une implication positive et favorable dans les détails de l'autre, il est impossible de lui prouver votre amour.

Le bon traitement administré à son prochain implique le respect de ses propres détails. Aucune personne ne se sentira confortable quand ses détails chers à lui - même ne

---

[167] Romains 12:15

sont pas pris en compte dans ce qui est décidé ou fait en sa faveur. La première démarche qu'il faut envisager quand on veut traiter un être humain, c'est de chercher à connaitre ses détails, donc ses besoins et aspirations.

Tout ce que vous voulez que les hommes fassent pour vous, faites-le de même pour eux, car c'est la loi et les prophètes.[168]

4.- Plus grandes responsabilités grâce à la fidélité dans les détails

Celui qui est fidèle dans les moindres choses l'est aussi dans les grandes, et celui qui est injuste dans les moindres choses l'est aussi dans les grandes.[169]

Il faut démontrer sa capacité à gérer les petites choses pour que de grandes choses vous soient confiées à l'avenir. La gestion réussie des détails est le test que nous devons tous passer pour de plus grandes responsabilités. La gestion des détails est un examen valable tant sur le plan matériel que sur le plan spirituel. Il ne sera confié aucune grande responsabilité à celui qui n'a pas su bien gérer les petites choses. Les détails représentent une image de la responsabilité future qui vous attend.

---

[168] Matthieu 7:12
[169] Luc 16:10

Dans ce contexte, le détail peut être votre force à l'état embryonnaire, vos dons, vos talents, votre faible commencement, votre emploi, votre engagement. Ne méprisez aucun détail qui vous est confié à cause de son manque d'importance apparent ou de sa dimension.

Son maître lui dit: C'est bien, bon et fidèle serviteur; tu as été fidèle en peu de chose, je te confierai beaucoup; entre dans la joie de ton maître.[170]

La bonne gestion des détails est un signe de respect pour Dieu. Vous lui montrez que son investissement en vous a une valeur. C'est également un signe de respect envers les autres qui pourront bénéficier de ces ressources. Nous devons toujours voir dans les tâches qui nous sont confiées l'œuvre de Dieu.

Tout ce que vous faites, faites-le de bon cœur, comme pour le Seigneur et non pour des hommes, sachant que vous recevrez du Seigneur l'héritage pour récompense. Servez Christ, le Seigneur[71]

Du haut des cieux, Dieu observe minutieusement les traitements administrés et l'attention accordée aux choses. Les détails sont des opportunités divines offertes à nous pour notre progrès. La gestion des détails est l'espace dans

---

[170] Matthieu 25:23
[171] Colossiens 3: 23 - 24

lequel nous pouvons faire montre de notre sens de responsabilité.

Si vous traitez bien les petites choses, vous aurez la même attitude envers de grandes choses. Celui qui vole un œuf volera un bœuf, dit- on souvent. En d'autres termes, le comportement que vous affichez aujourd'hui ne changera pas automatiquement demain. Il faut également

souligner la question d'habitude dans la gestion des choses. Une fois devenu confortable dans un mode fonctionnement, on l'adoptera de manière définitive. Il est vrai pour les détails de votre vie et pour les petites choses qui vous sont confiées.

5.- Accès à la gloire de Dieu par le respect des instructions

Lesquels célèbrent un culte, image et ombre des choses célestes, selon que Moïse en fut divinement averti lorsqu'il allait construire le tabernacle: Aie soin, lui fut-il dit, de faire tout d'après le modèle qui t'a été montré sur la montagne[172]

La négligence des détails est un ennemi de la gloire. Ce principe est caché dans le commandement que Dieu donna

---

[172] Hébreux 8: 5

à Moïse concernant l'attention qu'il devrait porter au modèle qui lui était montré sur la montagne. Quand Moïse remplissait les conditions, la gloire de Dieu descendait de manière spontanée sur ce tabernacle. La gloire de Dieu est la beauté de Son Esprit. Il ne s'agit pas d'une beauté esthétique, mais c'est la beauté qui émane de son caractère.

Moïse dit: Vous ferez ce que l'Éternel a ordonné; et la gloire de l'Éternel vous apparaîtra.[173]

Sans le respect de ce qu'a ordonné l'Eternel, sa gloire ne se manifesterait pas. Voir la gloire de Dieu peut signifier pouvoir réaliser l'impossible et dépasser les limites naturelles. Voir la gloire de Dieu est un privilège inouï pour l'homme.

Nous pouvons nous rendre compte de ce que nous pouvons perdre en négligeant tout simplement un simple détail spirituel. L'obéissance est la clef qui ouvre l'accès à la gloire de Dieu. La nécessité d'accorder toute l'attention nécessaire aux détails ne se limite pas seulement à l'aspect spirituel, mais aussi à la réalité terrestre.

---

[173] Lévitique 9: 6

Conséquences négatives liées à l'irrespect des détails spirituels

Samuel dit à Saül:

Tu as agi en insensé, tu n'as pas observé le commandement que l'Éternel, ton Dieu, t'avait donné. L'Éternel aurait affermi pour toujours ton règne sur Israël;

et maintenant ton règne ne durera point. L'Éternel s'est choisi un homme selon son cœur, et l'Éternel l'a destiné à être le chef de son peuple, parce que tu n'as pas observé ce que l'Éternel t'avait commandé.[174]

Des punitions sévères attendent tous ceux qui n'ont pas tenu compte des détails spirituels dans leurs pensées, paroles et actions. D'autres conséquences négatives sont prévues pour ceux qui négligent les détails précieux. La plupart des échecs que les hommes et les femmes connaissent sont dus à un maque d'attention aux détails spirituels.

1.- Malédiction par la négligence des détails sacrés

Maudit soit celui qui fait avec négligence l'œuvre de l'Éternel.[175]

Dieu veut que nous accomplissions ses œuvres avec

---

[174] 1 Samuel 13: 13 -14
[175] Jérémie 48:10

perfection. Or la négligence est un obstacle à la perfection. Ce sont les détails qui rendent toute œuvre parfaite. Dieu peut se révolter contre quiconque le sert sans respect.

Les fils d'Aaron, Nadad et Abihu, prirent chacun un brasier, y mirent du feu, et posèrent du parfum dessus; ils apportèrent devant l'Eternel du feu étranger, ce qu'il ne leur avait point ordonné. Alors le feu sortit de devant l'Eternel, et les consuma: ils moururent devant l'Eternel.[176]

En choisissant délibérément et constamment de ne pas tenir compte des instructions de Dieu, l'homme ne fait que s'exposer à la colère de Dieu.

Ceux qui négligent les choses sacrées courent toutes sortes de risques: malédictions, défaites, échecs, maladies, et même la mort. Celui qui est maudit par Dieu connaitra des échecs dans toutes ses entreprises.

2.- Plus petite position dans le royaume par la négligence des détails spirituels

Celui donc qui supprimera l'un de ces plus petits commandements, et qui enseignera aux hommes à faire de même, sera appelé le plus petit dans le royaume des cieux; mais celui qui les observera, et qui

---

[176] Lévitique 10: 1- 2

enseignera à les observer, celui-là sera appelé grand dans le royaume des cieux.[177]

La négligence est le premier ennemi de la grandeur. Quand vous négligez une petite chose, vous serez le plus petit. Vous ne pouvez pas atteindre la grandeur quand vous négligez les petites choses. Jésus - Christ l'a dit dans son message lu dans l'Evangile selon Matthieu 5:19.

L'omission consciente ou inconsciente peut vous priver de la grandeur. Dans le plan spirituel, il n'y a pas de quantité négligeable. Tous les éléments sont conçus et pourvus pour une raison. Si dans le monde physique, aucun détail n'est de trop, comment pourrait -il être autrement dans le monde spirituel? Tous les éléments de Dieu sont utiles et applicables à une situation, il n'est nullement donné à l'homme d'en modifier, ni ajouter, ni supprimer. Dieu a tout fait pour un but précis. L'homme ne doit pas se poser en obstacle à la volonté de Dieu.

3.- Irrespect des détails des vœux faits à Dieu

Lorsqu'un homme fera un vœu à l'Éternel, ou un serment pour se lier par un engagement, il ne violera point sa parole, il agira selon tout ce

---

[177] Matthieu 5:19

qui est sorti de sa bouche.[178]

Les Chrétiens font des vœux à Dieu pour différentes raisons. Il y a un danger de prendre à la légère les vœux, car Dieu note la promesse faite dans les moindres détails. Dieu qui s'intéresse aux détails attend toujours que la personne en question accomplisse les vœux tels qu'exprimés. Un vœu est une promesse solennelle ou un engagement ferme pris envers Dieu pour obtenir sa faveur dans une situation donnée.

Dieu, de son coté, répond précisément à la demande formulée par l'auteur du vœu. En d'autres termes, le Créateur exécute à la lettre les exigences faites par l'homme dans le cadre de cet accord.

De nombreux versets bibliques mettent l'emphase sur la nécessité pour l'homme d'accomplir les vœux faits à Dieu. La première raison est que l'homme doit respecter Dieu. Le fait de ne pas honorer une promesse faite à Dieu est un manque de respect. La deuxième raison est que Dieu attend l'accomplissement des vœux dans les termes dans lesquels ils étaient décrits.

Si tu fais un vœu à l'Éternel, ton Dieu, tu ne tarderas point à l'accomplir: car l'Éternel, ton Dieu, t'en demanderait compte, et tu te

---

[178] Nombres 30:2

chargerais d'un péché.[179]

Le véritable piège réside dans l'accomplissement partiel des vœux. Très souvent, les gens se posent des questions sur la façon dont ils vont réaliser les promesses faites après avoir reçu de Dieu les choses qu'ils ont demandées. Ainsi, ils s'arrangent pour accomplir partiellement les vœux pour se donner une bonne conscience. Tant que le vœu n'est pas réalisé tel qu'il était sorti de la bouche, l'auteur commet un péché. Un vœu réalisé avec une seconde de retard et qui manque un virgule ne sera pas agréé par Dieu.

Pour ne pas être coupable devant Dieu, nous devons respecter les vœux faits, c'est - à- dire, les réaliser comme ils étaient négociés. Ceci implique nécessairement que nous les accomplissions dans le temps prévu et dans les conditions exactes promises.

Anne, la mère de Samuel, a fait un vœu.

Elle fit un vœu, en disant: Éternel des armées! si tu daignes regarder l'affliction de ta servante, si tu te souviens de moi et n'oublies point ta servante, et si tu donnes à ta servante un enfant mâle, je le consacrerai à l'Éternel pour tous les jours de sa vie, et le rasoir ne passera point sur sa tête.[180]

---

[179] Deutéronome 23:21
[180] 1 Samuel 1:11

Anne a donné un bel exemple en accomplissant son vœu peu après avoir obtenu de Dieu le fils.

Quand elle l'eut sevré, elle le fit monter avec elle, et prit trois taureaux, un épha de farine, et une outre de vin. Elle le mena dans la maison de l'Éternel à Silo: l'enfant était encore tout jeune. Ils égorgèrent les taureaux, et ils conduisirent l'enfant à Éli.

Anne dit: Mon seigneur, pardon! aussi vrai que ton âme vit, mon seigneur, je suis cette femme qui me tenais ici près de toi pour prier l'Éternel. C'était pour cet enfant que je priais, et l'Éternel a exaucé la prière que je lui adressais.

Aussi je veux le prêter à l'Éternel: il sera toute sa vie prêté à l'Éternel. Et ils se prosternèrent là devant l'Éternel.[181]

---

[181] 1 Samuel 1: 25 - 28

CONCLUSION

La majorité des habitants de la planète n'auraient jamais imaginé que le Dieu créateur qu'ils s'imaginent toujours à l'échelle macro pourrait s'intéresser à tous les détails. Dans ce domaine comme dans bien d'autres, l'homme suit une voie contraire à celle de Dieu.

Seule une minorité de gens, particulièrement les scientifiques, tiennent compte des détails dans ce qu'ils entreprennent. Ils sont bien imbus qu'une chose minuscule peut garantir un succès ou provoquer des échecs répétitifs.

Aujourd'hui, la grande découverte, c'est que Dieu est un Dieu de détails. Il est lui -même constitué de détails, même si l'homme Le perçoit et voit exclusivement aussi grand que l'univers. Ses attributs personnels ne sont pas seulement faits de détails, Il crée tout avec des détails. L'homme, son chef d'œuvre, est fait lui aussi de détails. Toute la vie humaine est soumise aux lois de ces particularités.

Dieu n'accepte rien pour Lui -même et ses fils et filles sans des précisions. Une analyse du nombre et de la qualité des détails du corps humain vous permettra de parvenir à une conclusion détaillée.

Les détails comptent pour Dieu tant sur le plan spirituel que sur le plan matériel. Toute relation de l'homme avec Dieu se base nécessairement sur des détails. Vous devez désormais prêter une attention soutenue aux détails si vous voulez lui plaire. Les détails que l'homme soumet à Dieu constituent les preuves, arguments et justifications des demandes exprimées. La relation harmonieuse de l'homme avec son semblable se base sur des détails et s'épanouit grâce au respect des caractéristiques particulières de l'autre.

L'essentiel, c'est de changer rapidement de perception vis - à - vis des détails. Aucun détail n'est de trop, ni à négliger. Nous ne devons plus percevoir les détails de la même manière qu'auparavant. Il nous faut constamment peser les éléments dans tout ce que nous entreprenons. La quantité et la qualité de détails importent énormément dans tous nos projets. Ces petites choses ont le potentiel de tout changer dans un sens comme dans l'autre. Il nous revient de bien quantifier le nombre d'éléments et leurs rôles respectifs dans toutes les choses. Avec cette approche et stratégie, nous ne risquons plus de connaitre des échecs continus.

Nos vies sont faites de détails précis dont nous ne pouvons nous séparer sous peine de souffrir indéfiniment. Il devient obligatoire pour chacun de nous de composer avec les détails d'une manière ou d'une autre. Nous devons tous mener une vite axée sur les détails afin de mieux réussir notre passage sur la terre.

REFERENCES BIBLIQUES

La Bible (Version Louis Segond, LSG)

https://www.biblegateway.com

A PROPOS DE L'AUTEUR

Gregory DOMOND est titulaire d'une maitrise en Télécommunications de Coventry University (Angleterre). L'auteur est actuellement consultant et professeur de Télécommunications à l'Université. Chrétien convaincu, il a déjà publié plusieurs livres dont *la Puissance de vos paroles, Servir pour être grand, un Manuel d'évangélisation, Va avec cette force que tu as* et *la négligence, votre premier ennemi.*

www.ingramcontent.com/pod-product-compliance
Lightning Source LLC
Chambersburg PA
CBHW060758050426
42449CB00008B/1448